Vogelfrei Taschenbuch

Schauplätze des Geschehens:

In Frankfurt-Fechenheim trifft Karlo seinen alten Zellengenossen Lotto-Otto. Ein Mordversuch in Oberrad wirft drängende Fragen auf. Als Kommissar Reichards Frau verschwindet, führt die Spur nach Wüstensachsen in der Rhön. Karlo mietet sich mit Jeannette im Nachbarort Seiferts in einem Hotel ein, und Jeannette hat eine überraschende Begegnung auf dem Gipfel des Wachtküppels, einer markanten Erhebung in der Nähe von Gersfeld.

Bisher sind neun Bände der Karlo-Kölner-Reihe
im Verlag Vogelfrei erschienen:

Karlo und der letzte Schnitt
Karlo und der zweite Koffer
Karlo und der grüne Drache
Karlo und das große Geld
Karlo geht von Bord
Geschenke für den Kommissar
Liebe, Tod und Apfelsekt
Miezen, Mord und Malerei
Lottoglück für eine Leiche

Alle Bände sind auch als E-Book erhältlich

Der Autor

Peter Ripper, Jahrgang 1954, ist selbstständiger Werbefachmann, Gitarrist bei einer Frankfurter Rockband und begeisterter Motorradfahrer und Fotograf.

Er lebt in Langenbieber in der Rhön und in Frankfurt am Main.

© 2016 bei Vogelfrei-Verlag
36145 Hofbieber
Internet: www.vogelfrei-verlag.de
Alle Rechte vorbehalten

Umschlaggemälde: Sergej Kasakow · www.kasakow-kunstmalerei.de
Lektorat: Stefanie Reimann, Frankfurt am Main
Druck: Conte-Verlag, Saarbrücken
Umschlaggestaltung: Peter Ripper
Satz: SLG Satz, Layout, Gestaltung, Frankfurt am Main, 0177/3098536
ISBN: 978-3-9817124-4-5
1. Auflage

Peter Ripper

Lottoglück für eine Leiche

Kriminalroman

Vorwort

Die einen behaupten, Glück sei das Einzige, das sich verdopple, wenn man es teilt. Andere halten dagegen, das Prinzip funktioniere auch beim Kartoffelpflanzen, und Glück sei bloß eine trügerische Verbindung von Illusion und Ignoranz.

Unsere chaotische Hauptfigur Karlo Kölner würde vielleicht sagen, Glück sei das Pech, das er gerade mal *nicht* hat. Oder auch die Fähigkeit sich kratzen zu können, wenn es ihn juckt. Hemingway hingegen war der Überzeugung, Glück bestehe aus guter Gesundheit, gepaart mit einem schlechten Gedächtnis.

Vielleicht erkennt man das Glück aber auch erst dann, wenn es sich verabschiedet hat.

Wie es auch immer sei: Es dürfte auf der Suche nach dem Glück hilfreich sein, wenn man das mag, was man tun muss, und das darf, was man tun mag.

Eine ziemlich einleuchtende Theorie besagt, dass derjenige glücklich ist, der möchte, was er hat, und nicht wer hat, was er möchte.

Und schon sind wir beim Thema: Wer möchte nicht gerne einmal so richtig im Lotto gewinnen? Natürlich muss man dazu erst einmal bereit sein, zu spielen. Hat man das getan, ist so ein Lottoschein bis zur Ziehung der Zahlen allerdings eher eine Art Baugenehmigung zur Errichtung von Luftschlössern.

Wurden dann jedoch die richtigen Zahlen angekreuzt, hat man durchaus sehr großes Glück gehabt. Wie gesagt: gehabt. Denn ob man danach mit seinem Gewinn und allem, was darauf folgt, glücklich wird, steht auf einem völlig anderen Blatt.

Was alles passieren kann, wenn ein Lottoschein ausgefüllt wurde, wer lediglich materiell davon profitiert und wer wirklich glücklich damit wird – oder auch nicht –, ist ein Teil der folgenden Geschichte.

Am Ende aber ist es ganz einfach: Glück ist immer genau das, was man dafür hält.

Und vielleicht macht es Sie ja ein kleines bisschen glücklich, die folgende Geschichte zu lesen ...

Mittwoch, 15. Juli
Frankfurt am Main

1

In der kleinen Küche herrschte zwischenmenschliche Hochspannung. „Jetzt sei nicht so rational, Karlo. Das ist langweilig. So kenne ich dich gar nicht." Jeannette Müller stand vor dem Küchentisch und fuchtelte ihrem Freund Karlo Kölner mit einem knallgelben Notizzettel vor der Nase herum. Von den sechs Zahlen, die darauf gekritzelt waren, hatte sie in der vergangenen Nacht geträumt. Nun machte sie sich Hoffnung auf den großen Treffer. Mitten in der Nacht hatte sie sich aus den Federn gequält, um die Zahlen zu notieren.

Karlo schaute kopfschüttelnd auf die Uhr an der Wand. Halb acht. Er begann, eine dicke Schicht Butter auf eine Brötchenhälfte zu streichen, öffnete das Senfglas, fuhr mit dem Messer hinein und schaufelte reichlich Senf heraus, um ihn ebenfalls auf das Brötchen zu schmieren. Nachdem er das Messer genüsslich abgeschleckt hatte, griff er nach der dicken Scheibe Leberkäse auf dem Holzbrett vor sich, halbierte sie und legte eine der Hälften auf das Brötchen.

Die kleine blonde Frau schaute angewidert. „Du bringst dich noch um mit diesem ungesunden Zeug. Iss lieber mal ein Müsli, das ist viel bekömmlicher."

Karlo betrachtete sein Brötchen liebevoll, seiner Freundin schenkte er einen treuen Hundeblick. Nach kurzem Zögern biss er herzhaft zu. Jeannette zuckte resigniert mit den Schultern und winkte ab. „Was rede ich überhaupt?", gab sie auf. „Nie hörst du mir zu, wenn ich es gut meine. Und wenn doch, dann nützt es nichts." Sie zuckte mit den Schultern und warf einen Blick auf ihre Armbanduhr. „Ist auch egal", gab sie auf, „ich muss zur Arbeit."

Ihre Lottozahlen hatte sie allerdings nicht vergessen. Erneut fing sie an, mit dem Zettel zu fuchteln. „Also – was ist jetzt?", drängte sie. „Spielst du für mich oder muss ich das nach der Arbeit auch noch selbst machen?"

Karlo atmete tief durch. „Das ist reine Geldverschwendung, Jeannie", versuchte er noch einmal, sie zu überzeugen. „Du glaubst doch nicht wirklich, nur weil du von sechs Zahlen geträumt hast, gewinnst du damit im Lotto? Die Chance ist eins zu vierzehn Millionen für sechs Richtige. Für den richtig großen Pott mit Superzahl wird's noch 'ne Menge schwieriger." Er runzelte die Stirn. „Aber wir haben's ja!" Theatralisch hob er die Hände.

Eine hässliche Falte erschien auf der Stirn seiner Freundin. „Ich denke, dein Freund Gehring hat dir ein so tolles Honorar gezahlt, nachdem du ihm bei seinem letzten Fall geholfen hast?"

„Stimmt, das hat er auch. Das muss aber nicht bedeuten, dass wir das Geld postwendend aus dem Fenster schmeißen müssen, oder?"

„Vielleicht hast du ja recht", nickte die blonde Frau unsicher, und einen Augenblick glaubte Karlo, seine Freundin wolle einlenken. Doch dann spannte sich ihr Körper wieder. „Aber nur vielleicht", legte sie energisch nach und hielt ihm den Zettel unter die Nase. Karlo senkte den Kopf und blickte dumpf auf sein Frühstücksbrett. War da wieder dieser beleidigte Unterton? Dunkle Wolken zogen in der kleinen Küche auf. Und Jeannettes Stimme begann quengelig zu werden. Dieser Ton war Karlo wohlbekannt. Schnell wollte er etwas entgegnen. Doch schon ging es weiter. „Außerdem habe ich die Zahlen auswendig im Kopf", lamentierte sie. „Was glaubst du wohl, wie es um meine Laune bestellt wäre, wenn sie wirklich gezogen würden? Und *du* aus purem Geiz nicht gespielt hast?" Ein streitlustiger Blick traf Karlo.

Das Argument saß. Solcherart Laune wollte er nicht ausgesetzt sein. „Ist ja schon gut", lenkte er ein. „Ich mach's ja." Er fuhr sich mit der Hand übers Kinn, und seine Bartstoppeln knisterten leise. Ein träumerischer Ausdruck huschte unvermittelt über sein Gesicht. Er nahm den gelben Zettel in die Hand, studierte die Zahlenreihe und schloss die Augen. „Schön wär's ja schon", sinnierte er. „Was würdest du mit dem vielen Geld machen?"

„Das überlegen wir uns, wenn wir es haben." Jeannette schien sich sicher, und ihre Verstimmung war auf dem Rückzug. Sie grinste. „An Ideen wird es uns bestimmt nicht fehlen, glaubst du nicht auch?" Stürmisch drückte sie Karlo einen Kuss auf die Lippen. Doch dann zog sie den Kopf mit einem angewiderten „Puuh" zurück und rümpfte die Nase.

Igittigitt, Leberkäse.

Karlo schaute verständnislos.

„Früchtemüsli zum Frühstück, *das* macht sexy", hörte er ihre spöttische Stimme. „Hast du das gewusst? Aber stopf deine geschredderten toten Tiere nur weiter in dich rein. Wirst schon sehen, was du davon hast." Sie warf sich eine Jacke über die Schultern und griff nach ihrer Tasche. „So, ich muss los. Bin schon viel zu spät. Bis heute Nachmittag."

Karlo stand auf, begleitete seine Freundin in die Diele und hielt ihr die Tür auf. Als sie an ihm vorbeilief, wollte er ihr einen Kuss geben, doch sie entzog sich seiner Umarmung. „Nicht jetzt, Karlo. Ich hab keine Zeit mehr. Und putz dir bei Gelegenheit die Zähne, hörst du?"

Enttäuscht lauschte Karlo Jeannettes Schritten. Als die Haustür zuschlug, schlurfte er zurück in die Küche und setzte sich an den Tisch. Er nahm einen Schluck Kaffee, dann blieb sein Blick für einige Zeit an dem kleinen gelben Notizzettel mit Jeannettes Traumzahlen hängen. Es dauerte nicht lange, und er war sich sicher, dass *er* die Zahlen auch nicht mehr so ohne weiteres vergessen würde.

Es war wie verhext! Nun blieb ihm wirklich nichts anderes mehr übrig. Er musste Jeannette recht geben: Wenn diese Zahlen heute Abend gezogen würden ...

Missmutig starrte er auf das verbliebene Brötchenviertel mit der dicken Scheibe Leberkäse.

Einen Moment zögerte er noch, dann griff er sich den Brötchenrest und stopfte ihn in sich hinein. Wütend begann er zu kauen.

Doch so richtig schmecken wollte es ihm nicht mehr.

Mittwoch, 15. Juli
Frankfurt am Main

2

Otto Biernat war der geborene Pechvogel. Stets war er abgebrannt, nur selten verfügte er über einen richtigen Job, und immer, wenn er mal wieder kein Glück hatte, kam auch noch das Pech dazu. Genau wie in dieser verhängnisvollen Samstagnacht vor ein paar Monaten, als er wegen seiner verzweifelten finanziellen Lage in einen Fechenheimer Kiosk eingebrochen war.

Hineinzukommen war nicht besonders schwierig gewesen. Mit dem unerkannten Verlassen des Kiosks jedoch hatte er Probleme gehabt. Zu verlockend waren die Vorräte an Bier und Spirituosen gewesen. Biernat hatte sich noch vor Ort einen ordentlichen Schluck gegönnt.

Dann noch einen.

Und noch einen.

Nach dem letzten Schluck hatte er, schon mittelschwer angeschlagen und mit einem gewaltigen Rauschhunger ausgestattet, den Bestand an industriegefertigten, in Plastik verpackten Snacks, kleinen Kuchen und Schokoriegeln dezimiert. Dann passierte ihm das entscheidende Malheur: Er nahm *noch* einen Schluck deutschen Weinbrand.

Den allerletzten.

Danach war er auf dem Fußboden eingeschlafen.

Gewaltige Kopfschmerzen hatten ihn aus dem Schlaf

gerissen und ihm immerhin signalisiert, dass er noch lebte. Nachdem er seine verkleisterten Augen mit Schmerzen und großer Mühe freigerieben hatte, schaute er auf zwei Paar schwarze Schuhe. Im linken Paar steckten die Füße von Streifenpolizist Dietmar Hund. Wenn er die Augen nach rechts rollte, was ihm einen verheerenden Schmerz hinter der Stirn verursachte, sah er das Paar, in dem die Gehwerkzeuge von Manfred Haffmann untergebracht waren, dem kleinen blonden Kollegen des zuvor erwähnten Gesetzeshüters. Überflüssigerweise machten die beiden Beamten ihn mit der Tatsache bekannt, er sei nun festgenommen, und alles, was er sage, könne gegen ihn verwendet werden.

Ganz wie im Film.

Der Film, der in Otto Biernats Kopfkino laufen sollte, war im Übrigen gerissen.

Dieser großartige Ermittlungserfolg der beiden Polizisten wurde ermöglicht durch den Anruf des Kioskbesitzers, der die ganze Bescherung am frühen Sonntagmorgen entdeckt hatte, als er seinen Laden öffnen wollte.

Das örtliche Nachrichtenblatt, der Fechenheimer Anzeiger, berichtete in seiner Ausgabe am darauffolgenden Donnerstag ausführlich über die Begebenheit. Das Heimatblatt vergaß nicht, den enormen Mut des Kioskbesitzers sowie die Geistesgegenwart der beiden örtlichen Beamten gebührend zu würdigen.

Was Otto Biernat schnurzpiepegal war.

Er verschwand nämlich für einige Zeit hinter schwedischen Gardinen.

Das war mal wieder: kein Glück.

Und nun kam noch das Pech dazu: Otto verlor seine Dreizimmerwohnung in Seckbach, die er seit der Scheidung von seiner Frau noch eine Zeitlang mühselig hatte halten können. Über ein halbes Jahr Mietrückstand hatten schließlich die Geduld des Vermieters restlos überfordert. Biernats Habseligkeiten wurden in Kartons gepackt und in einer Firma auf der Hanauer Landstraße eingelagert.

Wieder auf freiem Fuß, hatte man ihm eine Einzimmerbude mit Kochnische und winzigem Bad in der Dietesheimer Straße in Frankfurt-Fechenheim zugewiesen. Hier hauste er nun inmitten seiner Kartons, die den größten Teil des Raumes beanspruchten.

Es gab aber noch etwas über Otto Biernat zu berichten: Der geborene Pechvogel hatte so etwas wie eine Obsession. Nein, nichts Dunkles, auch nichts Geheimnisvolles oder gar Verruchtes. Otto Biernat forderte das Glück durch exzessives Lottospielen heraus. Er war der festen Überzeugung, dass sein selbst ausgeklügeltes System in naher Zukunft den ganz großen Treffer landen würde. Dadurch wuchs seine Zukunftsperspektive bis zur nächsten Ziehung in unermessliche Höhen, sein Kontostand hingegen reduzierte sich im Laufe der Zeit drastisch, denn Otto Biernat machte keine halben Sachen. Mit einer Handvoll Felder gab er sich bei weitem nicht zufrieden.

Bei seinen Bekannten prahlte er damit häufig bis an die Grenze des Erträglichen.

Während seiner Knastaufenthalte war er kreuzunglücklich, weil er nicht spielen konnte, und redete kaum von etwas anderem. Diese Angewohnheit hatte ihm den überaus kreativen Namen *Lotto-Otto* eingetragen.

Als er entlassen wurde und seine finanziellen Möglichkeiten so gut wie erschöpft waren, spielte er immer noch wenigstens ein Kästchen – stets die gleichen Zahlen. Die Zahlen, die er mittlerweile so oft angekreuzt hatte, dass er sie, nachts aus dem Schlaf gerissen, auswendig aufsagen konnte.

Doch bald war Otto finanziell so weit abgebrannt, dass er sogar auf das eine Kästchen verzichten musste. Es war eine im Grunde simple Entscheidung, die ihm dennoch schwergefallen war. Sie fiel allerdings zugunsten der ein oder anderen Flasche deutschen Weinbrands aus.

Was den seelischen Schmerz, wenigstens nach dem Genuss einer solchen Flasche, halbwegs relativierte.

—

Die korpulente Frau mit den schütteren dunklen Haaren aus dem Stockwerk über seiner Bude kam zur gleichen Zeit wie Otto Biernat an der Haustür an. Sie schnaufte schwer und schleppte etliche große Discounter-Plastiktüten an beiden Händen mit sich.

Biernat erinnerte sich dunkel an seine Kinderstube. Ganz Gentleman öffnete er die Tür und hielt sie mit großer Geste auf. „Bitte schön, Frau Schiebelhut."

Die Schiebelhut zeigte sich nicht im Geringsten beeindruckt. Breitester Frankfurter Dialekt zwängte sich in seine Ohren: „Saache Sie mal, Herr Biernat, was stinkt denn da so fürschterlich in Ihne Ihrer Wohnung? Des is ja ne Zumutung. Mache Sie denn nie sauber? Wenn des net uffhört, beschwer ich mich bei de Hausgesellschaft. Mer könnt ja glaube, Sie hätte ne Leich bei sich versteckt."

Biernat atmete tief durch. „Ach, das", versetzte er unsicher. „Das hat ganz bestimmt was mit dem Abfluss zu tun. Ich hab mich auch schon beschwert. Aber es kümmert sich ja keiner, Sie kennen doch die Gesellschaft. Die kassieren ab, und machen tun sie nichts."

Natürlich hatte Otto Biernat den Gestank schon selbst bemerkt. Überhaupt keine Frage. Eine knappe Woche nach seinem Einzug hatte es zu riechen begonnen. Zuerst hatte er wirklich geglaubt, es sei der Abfluss. Er hatte ihn einer oberflächlichen olfaktorischen Prüfung unterzogen und war dabei zu der Überzeugung gekommen, dass es nichts mit dem Abfluss zu tun hatte.

Der Verdacht, irgendetwas in den Kisten gammele vor sich hin, war ihm allerdings schon gekommen. Denn was damals alles eingepackt und eingelagert wurde, entzog sich gnädig seiner Erinnerung.

Die ihm angeborene Trägheit und seine stetig wachsende Weltverdrossenheit hatten bis dahin eine Überprüfung der restlichen Wohnung verhindert. Zumal das eine oder andere Gläschen deutschen Weinbrandes den unangenehmen Geruch erträglicher machten.

Momentan aber war er nüchtern.

Leider.

Er beschloss deshalb, zuerst einen Kaffee im Zeitungsladen gegenüber der Eisdiele zu trinken und sich danach im Supermarkt einen ebenso günstigen wie hochprozentigen „Geruchsdämpfer" zu beschaffen.

Frau Schiebelhut indes schlappte aufgebracht an Biernats Wohnung vorbei und rümpfte die Nase. Nun war es aber endgültig zu viel. Doch in einem Punkt musste sie Biernat recht geben: Der Hausgesellschaft würde es egal sein, wenn sie sich über den Gestank beschwerte.

Was konnte sie also tun? Nachdenklich öffnete sie ihre

Wohnungstür. Sie betrat den Flur, hängte ihren Mantel an die Garderobe und brachte die Tüten mit den Einkäufen in die Küche.

Dann kam ihr die Idee.

Sie schlug das Telefonbuch auf. Kurz darauf wählte sie die Nummer des siebten Polizeireviers.

Mittwoch, 15. Juli
Frankfurt am Main

3

„Bitte, einmal die Rundschau. Haben Sie sonst noch einen Wunsch?" Der Inhaber des Zeitschriftenladens gegenüber der Eisdiele in Alt-Fechenheim schaute Karlo erwartungsvoll an. Karlo überlegte. „Ja", begann er dann zögerlich, „ich wollte noch Lotto spielen."

Karlo war kein Lottospieler, das war er noch nie gewesen. Deshalb überkam ihn plötzlich das unangenehme Gefühl, sich rechtfertigen zu müssen.

„Meine Freundin hat heute Nacht von einer Zahlenreihe geträumt", erklärte er betreten, „und jetzt hat sie Angst davor, dass, wenn sie nicht spielt, genau diese Zahlen gezogen werden."

„Ja, diese Frauen, nicht wahr? So sind sie eben." Der Ladeninhaber fing sich einen bösen Blick seiner Angestellten ein, die das Gespräch mitbekommen hatte. Er zuckte mit den Schultern und drückte Karlo einen Lottoschein in die Hand.

Augenblicke später war der Schein ausgefüllt. War ja nur ein Kästchen.

„Komm schon, auf einem Bein kann man nicht stehen."

Karlo erschrak, als er die Stimme hörte. Seine Hand zuckte zur Seite und blieb an einem Zeitungsständer hängen. Dabei ritzte er sich die Haut am Handballen auf, und ein kleiner Tropfen Blut fiel auf den Lottoschein.

„Mist", fluchte Karlo leise. Er wischte den Schein an der Hose ab und schaute nach links, von wo die heisere Stimme kam. Der Mann, dem die Stimme gehörte, schaute ihn erwartungsvoll an. Karlo taxierte ihn mit einigen knappen Blicken. Der Typ sah irgendwie ... abgelebt aus. Die Kleider schlotterten ihm um den hageren Leib. Sein graubraunes Fischgratsakko hatte schon bessere Zeiten gesehen. Fatalerweise war die rostbraune Cordhose etwas zu kurz und ließ einen gnadenlosen Blick auf die marode Fußbekleidung, ein paar speckige braune Wildlederschuhe nebst löcherigen Socken, zu.

Karlo zupfte sich nervös an der Nase. Er begriff nicht. „Bitte?", fragte er unwillig.

„Na ja, ich meine, ein Kästchen ist einfach zu wenig. Du solltest wenigstens das nächste Feld noch ankreuzen. Diese Woche kommen bestimmt meine alten Zahlen dran, pass auf: zwei, elf, fünfzehn, siebzehn, fünfunddreißig, achtundvierzig."

Karlo war perplex. Was erlaubte sich dieser Kerl? Doch irgendwie konnte er nicht anders. Bedächtig kreuzte er die Zahlen an. Was war heute nur los mit ihm? Zum zweiten Mal an diesem Tag ließ er sich überfahren.

Lottospielen.

Ausgerechnet er.

Er schüttelte den Kopf, tippte sich mit dem Finger an die Schläfe, ging zum Tresen und bezahlte. Dann steckte er Schein und Quittung in die Innentasche seiner Lederjacke und ging zur Tür. Er hatte keine Lust, sich auf den Hageren einzulassen, und ließ ihn einfach links liegen. Karlos innere Stimme meldete sich, und er kannte ihre Sprache, er kannte sie nur zu gut.

Vorsicht, Alter! Hierbei kommt nichts Vernünftiges raus!

Dieses eine Mal vernünftig bleiben.

Also zog er die Tür auf.

Na also, Karlo, geht doch.

Bevor er den Laden verlassen konnte, stach ihm die heisere Stimme in den Rücken.

„Butzbach? Neunzehnhundertzweiundneunzig?"

Karlo blieb ruckartig stehen und versteifte sich.

„Was?" Langsam drehte sich Karlo um. „Wer zum Henker sind Sie?"

„Nein," rief der Hagere ungerührt, „nicht Butzbach." Er schien zu grübeln. Dann riss er theatralisch die Augen auf. „Klar, jetzt weiß ich's wieder, eben fällt's mir ein: Preungesheim. Zweitausendeins." Triumphierend schaute der Dürre in Karlos Gesicht. „Stimmt's?"

Die Situation wurde ungemütlich, Karlo bekam feuchte Hände. Seine nicht ganz gesetzeskonformen Ausrutscher hatte er weit hinter sich gelassen. Klar, er hatte durchaus schon mal Mist gebaut. Das war jedoch Schnee von gestern, er hatte dazu gestanden und seine Strafe abgesessen. Es mussten nach all der Zeit aber nicht alle erfahren. Vor allem nicht durch diese Jammergestalt. Denn Karlo war beileibe kein schlechter Kerl, mittlerweile hatte er selbst schon oft dazu beigetragen, knifflige Fälle aufzuklären. Ja, sogar einige Polizisten zählten zu seinem engeren Freundeskreis.

Ein Schuss Adrenalin klumpte seinen Magen zusammen, ließ sein Herz schneller schlagen und brachte seine Unterarme zum Prickeln. Er kniff die Augenlider zusammen und ging auf den Mann zu. Nur wenige Zentimeter vor ihm blieb er stehen. „Ich weiß nicht, wer du bist", zischte er gefährlich leise. „Ich weiß nicht, was du von mir willst. Aber besser wäre es, du willst es ganz schnell nicht mehr, verstanden?"

Der Landeninhaber duckte sich unwillkürlich weg und musterte Karlo mit erschrocken aufgerissenen Augen.

Doch es passierte nichts. Karlo blieb ruhig, drehte sich abrupt um und verließ den Laden. Vor der Tür blieb er stehen und schob seinen linken Ärmel zurück. Halb eins zeigte seine abgewetzte Uhr. Er atmete dreimal tief durch.

Das hast du gut gemacht, Karlo. Immer ruhig bleiben. Den bist du los.

Da meldete sich das nächste Gefühl: Er bekam Hunger. Sollte er irgendwo eine Kleinigkeit essen? In der ehemaligen Stadt Offenbach? Oder war da schon wieder geschlossen? Vielleicht doch lieber in der Kastanie? Die Bluesmühle fiel aus, die hatte mittags noch zu, außerdem trafen Wirt Harry Webers fragwürdige autodidaktischen Kochkünste nicht ganz Karlos Geschmack.

Wenn er es freundlich ausdrücken wollte.

Was blieb also? Entschlossen wandte er sich nach rechts und lief die Straße entlang Richtung Kastanie. Natürlich könnte er auch nach Hause gehen und sich den Rest Leberkäse braten, dazu ein paar schöne Bratkartoffeln mit viel Zwiebeln und zwei oder besser drei Spiegeleiern.

Seine kulinarischen Träume fanden ein jähes Ende.

Denn da war sie wieder, diese heisere Stimme.

„Jetzt hab ich's aber wirklich! JVA Weiterstadt. Zweitausendacht. Du bist der Karlo. Ich weiß noch genau: Damals hattest du dem Liebhaber deiner Freundin eins auf die Fresse gegeben.* Und warst noch auf Bewährung." Ein kurzes

*Karlo und der letzte Schnitt
Karlo Kölners erster Fall

meckerndes Lachen folgte. „Deshalb hatten sie dich wieder eingebuchtet, stimmt's?"

Karlo konnte das frohlockende Grinsen hinter sich geradezu spüren. Er wirbelte herum und packte den abgerissenen Mann am Kragen. „Auf die Fresse geben? Das mach ich jetzt sofort mit dir, wenn du dich nicht augenblicklich vom Acker machst. Letzte Chance, klar?"

Die heisere Stimme wurde zu einem verzagten Wimmern. „Aber – aber, ich bin's doch nur. Ich, der Otto. Otto Biernat."

„Lotto-Otto!"

Karlo entspannte sich und ließ los.

„Sag ich doch", hauchte der Mann kleinlaut, aber auch ein wenig erleichtert. Doch schnell hatte er sich wieder einigermaßen gefasst.

„Mensch, Karlo, ich war doch der Einzige, mit dem du damals geredet hast. Du hast dich nie gemeldet, obwohl ich schon zwei Wochen nach dir rausgekommen bin. Na ja, versäumt hast du nichts. Das Meiste, das ich angefangen habe, ist gegen die Wand gefahren. Hat denn wenigstens bei dir alles geklappt?"

Karlo war einen Schritt zurückgetreten und besah sich Biernat. „Was ist denn mit dir los? Du – du siehst so anders aus. Ich hätte dich fast nicht erkannt. Bist du krank? Du warst doch so ... na ja, wie soll ich sagen ...?"

„Fett?"

„Äh, nun ja, ich ...", wand sich Karlo etwas verlegen.

„Sag's ruhig, *fett* wolltest du sagen. Ja, du hast schon recht. Aber so ist das eben, wenn man keine Kohle hat. Nicht mal mehr zum Lottospielen, das musst du dir mal vorstellen. Man muss sich eben nach der Decke strecken.

Nein, Karlo, ich bin nicht krank. Mir geht's eigentlich ganz gut, körperlich wenigstens. Ansonsten ist es eben immer das Gleiche: das liebe Geld." Er kniff die Augen zusammen und zeigte ein bauernschlaues Grinsen. „Du kannst mir ja was abgeben, wenn meine Zahlen gewinnen."

Nun wurde Karlo doch neugierig. Außerdem plagte ihn der Hunger. Nach Hause, in Jeannettes Wohnung, konnte er Biernat aber nicht mitnehmen. Auf keinen Fall.

Denn ein komisches Gefühl hatte er schon. Otto, der Knast – das alles war doch Vergangenheit. Und die hatte er schon lange hinter sich gelassen. Andererseits hatte er Lust bekommen, ein wenig mit Otto zu quatschen.

„Weißt du was, Otto?" Karlo rieb sich die Hände. „Wir gehen was essen. Ich lade dich ein. Wir gehen in die Kastanie. Dann können wir ein wenig reden."

Die Einladung sollte sich als überaus kostspielig herausstellen. Karlo hatte Ottos Appetit gewaltig unterschätzt. Der dürre Mann schien wie ein Fass ohne Boden, und Karlo machte sich langsam Sorgen um seine Finanzen.

Otto Biernat hingegen strich sich zufrieden über den Bauch. Als Vorspeise hatte er eine beachtliche Portion *Matjesfilet „Hausfrauen Art" zu Salzkartoffeln mit Petersilien-Butter* vertilgt. Danach stopfte er mit großem Appetit *mit Gorgonzola und Birne gratiniertes Putensteak zu Schupfnudeln und Madeira-Sauce* in sich hinein. Das Ganze gipfelte in einem adäquaten Nachtisch: ein überaus leckeres *Spekulatius-Parfait zu Schokolade-Chili-Orangen-Sauce*.

Nun nuckelte Otto an einer Tasse Kaffee, anschließend kippte er mit selig glänzenden Augen einen Malt-Whisky. Er streckte sich behaglich und schaute Karlo an. „Danke, mein Freund, das tat gut. Wirklich gut. Ich habe ewig lange nicht mehr so gut gegessen."

Achtzig Euro hatte Karlo noch in der Tasche. Er hoffte, dass es reichen würde. Sonst würde er Daniel, den Wirt, bitten müssen, den Rest ein paar Tage anzuschreiben.

Daniel hatte die Teller höchstpersönlich abgeräumt. Nun saßen die beiden Männer vor einem frischen Bier – nicht dem ersten – und redeten. Vor allem Otto klagte sein Leid und erzählte von Pleiten, Pech und Pannen.

Die anderen Gäste hatten das Lokal bereits verlassen. Die meisten kamen zwischen zwölf und halb zwei aus den umliegenden Firmen zu einem schnellen Mittagessen vorbei.

„Tut mir leid, dass es bei dir so mies gelaufen ist, Otto", bedauerte Karlo ehrlich. „Aber weißt du, für mich waren die letzten Jahre ebenfalls kein reines Zuckerschlecken. Momentan sieht es mal wieder ganz gut aus." Er rieb sich die Hände. „So, jetzt muss ich erst mal für kleine Jungs." Karlo schob seine Jacke, die auf der Bank neben ihm lag, ein Stück zur Seite. Dann erhob er sich und stieg die Treppe zur Toilette, die im ersten Stock lag, empor.

Otto lehnte sich zurück und blickte um sich. Die seltsamen Bilder an den Wänden verursachten ein Stirnrunzeln bei dem hageren Mann. Moderne Kunst? Na, wohl irgendein Hobbymaler, der seine Fähigkeiten etwas überschätzte. Oder, wenn er es recht bedachte, vielleicht eine Hobbymalerin? Er senkte den Blick wieder.

Auf Karlos braune Lederjacke.

Biernat fuhr sich mit der Hand über den Mund, schaute nach rechts, dann nach links. Er erhob sich ein wenig, blinzelte unschlüssig und setzte sich wieder.

Erneut senkte er den Blick.

Auf Karlos braune Lederjacke.

Die Bilder an den Wänden waren nicht gegenständlich, bestanden zumeist aus ineinander verlaufenden Flächen, die dann wieder mit anderen, teils transparent wirkenden Farben überspachtelt worden waren. Das machte es dem laienhaften Betrachter schwer, die künstlerische Qualität der Bilder zu beurteilen, grübelte Biernat. Nicht jeder war ein Gerhard Richter, dessen Bilder Millionensummen erzielten. Obwohl, dachte Otto, selbst der – na ja! Irgendwie hatte einer wie Richter auch nur Glück gehabt, oder? Otto Biernat war kein Kunstexperte. Eine Meinung aber hatte er sich, in seinen besseren Zeiten, schon gebildet. Er stieß deshalb ein verächtliches Geräusch aus – und senkte den Blick.

Auf Karlos braune Lederjacke.

Mit zusammengekniffenen Augen schaute er zum Kassentresen. Niemand da. Dann spitzte er die Ohren und lauschte zum Treppenaufgang. Keine Schritte, nichts zu hören. Er erhob sich wieder und beugte sich nach vorne ...

Karlo stieg leise vor sich hinpfeifend die Treppe nach unten und blieb an der Kasse stehen. Daniel, der Besitzer, kam gerade aus der Küche.

„Ich möchte gern zahlen, Daniel. Zusammen. Und bitte gib mir doch mal einen Zettel und was zu schreiben."

Daniel machte die Rechnung, und Karlo atmete auf. Rund Siebenundsiebzig Euro. Er griff in die Hosentasche und zog einen Fünfziger, einen Zwanziger und einen Zehner hervor und legte die Scheine auf den Tresen. „Stimmt so, Daniel."

Der Wirt bedankte sich und legte einen kleinen Block

und einen Kugelschreiber auf den Tresen. Karlo notierte seine Handynummer, riss den beschriebenen Zettel ab, schob Block und Stift zurück und bedankte sich. Er umkreiste den Tisch, setzte sich auf seinen Platz an der Wand und musterte seinen ehemaligen Zellengenossen. Er schob Otto den Zettel hin. „Hier. Melde dich mal, wenn du Lust hast." Dann speicherte er Ottos Handynummer in seinem Telefon.

In der Zwischenzeit war Daniel noch einmal an den Tisch gekommen. „Noch einen Kleinen auf's Haus?"

Karlo wollte schon zustimmen, dann bemerkte er Ottos Nervosität. „Was ist los mit dir, Otto? Du wirkst so fahrig. Stimmt was nicht?"

Ottos Hand zitterte ein wenig, als er nach seinem Bierglas griff. „Nein, nein. Alles klar." Er trank sein Glas in einem Zug leer und stand auf. „Es ist nur so: Ich habe was ganz Wichtiges vergessen. Ich muss heute noch dringend was erledigen." Biernat raffte den Zettel mit Karlos Nummer an sich, murmelte: „Noch mal danke für das gute Essen. Ich melde mich. Ganz bestimmt!"

Und weg war er.

Der Wirt schaute ihm verwundert nach. Dieser Kerl sah eigentlich nicht aus, als würde er einen Schnaps einfach so ablehnen. Eher, als würde er noch einen vertragen. Auch Karlo war völlig perplex. Was war das jetzt gewesen? Er kratzte sich verwundert am Kopf und starrte mit großen Fragezeichen in den Augen an die Wand gegenüber, direkt gegen ein besonders rotes Bild des unbekannten Malers.

Oder der Malerin.

—

Etwas später schlurfte Otto Biernat müde vom opulenten Mahl die Steinäckerstraße am Friedhof entlang, Richtung Dietesheimer Straße, in der sich der Wohnblock mit seinem Ein-Zimmer-Appartement befand. Schon an der Ecke schrillten seine Alarmglocken.

Das Bild, das sich ihm bot, erinnerte an ein Katastrophenszenario. Vor dem vielstöckigen Gebäude standen zwei Polizeiwagen, ein Pulk neugieriger Menschen redete aufgeregt durcheinander, und mittendrin die dicke Schiebelhut, wild gestikulierend. Zwei in weiße Overalls gehüllte Männer mit Mundschutz trugen einen großen Karton zu einem Kastenwagen mit Wiesbadener Nummer. Den Uniformierten, der die Männer schnell überholte und ihnen diensteifrig die Tür des Wagens öffnete, erkannte er sofort an seinem großspurig wiegenden Cowboygang: Dietmar Hund, einer der beiden Bullen, die ihn damals im Kiosk geweckt hatten.

Erneut schien Otto kein Glück zu haben. Sein Fluchtinstinkt erwachte augenblicklich. Er wollte sich schon klammheimlich zurückziehen, da bemerkte er Leon, den Knirps aus dem ersten Stock, vielleicht acht oder neun Jahre alt. Der Junge kam über den Parkplatz vor dem Block direkt auf ihn zugelaufen.

„He, Leon, mein Kleiner", presste er heiser hervor, „komm doch mal her. Sag mal, Leon, was ist denn da los?"

Wie vom Donner gerührt blieb Leon stehen. Die Augen weit aufgerissen starrte er Otto Biernat an. Dann warf er sich herum, spurtete los und fing dabei lauthals an zu schreien. „Hilfe! Hilfe. Er will mich holen. Er ist hinter mir her! Hilfe!"

So war es nun einmal mit Otto: Jetzt kam auch noch das Pech dazu.

Lotto-Otto überlegte fieberhaft. Einen Moment lang lähmte ihn die immer stärker werdende Angst. Mühsam rang er nach Luft. Sein Herz schien zu zerspringen.

Flucht.

Nichts wie weg hier.

So schnell war Otto Biernat in seinem ganzen Leben noch nicht gerannt.

Mittwoch, 15. Juli
Frankfurt am Main

4

Karlo schloss die Wohnungstür auf, betrat die Diele und zog die Jacke aus. Er hängte sie an die Garderobe und griff in die linke Innentasche. Seine Hand ertastete nur den gelben Zettel, auf dem Jeannettes Zahlen standen. Der Lottoschein nebst Spielquittung war verschwunden. Er runzelte die Stirn und griff in die andere Innentasche.

Nichts.

Karlo war ganz sicher, den Lottoschein eingesteckt zu haben. Doch nun war er nicht mehr da. Er presste ärgerlich die Lippen aufeinander. Hatte er nicht richtig aufgepasst, als er den Schein eingesteckt hatte? Was tun? Jeannette würde sicher sofort nach dem Schein fragen, wenn sie nach Hause kam.

Also noch einmal spielen? Reine Geldverschwendung. Andererseits wollte er auch keinen Disput mit Jeannette riskieren. Nun – er würde zuerst einmal im Zeitschriftenladen nachfragen, ob ihm der Schein vielleicht dort heruntergefallen war. Er wollte gerade seine Jacke wieder anziehen, als er hörte, wie ein Schlüssel ins Türschloss gesteckt wurde.

Die Tür wurde aufgedrückt, und Jeannette betrat die Wohnung. „Hallo, Karlo."

„Hallo, Jeannette. Du bist früh dran."

„Ja, wir kommen mit dem neuen Projekt gut voran, da

habe ich heute mal etwas früher Schluss gemacht." Sie sah Karlo überrascht an und deutete auf die Jacke in seiner Hand. „Willst du noch einmal weg?"

Karlo zögerte kurz. Dann hängte er seine Jacke zurück. „Äh, nein. Ich bin auch gerade nach Hause gekommen."

„Na dann. Hast du Lotto gespielt?"

Karlo hoffte, dass er nicht die entscheidende Sekunde zu lange gewartet hatte. „Ja, klar, natürlich." Er grinste etwas verlegen. „Befehl ausgeführt."

Später würde er eben noch einen Schein ausfüllen, nahm er sich fest vor. Schon des lieben Friedens willen. Er musste sich nur einen plausiblen Vorwand ausdenken, um das Haus ein weiteres Mal verlassen zu können.

Das Leben war kompliziert.

Und Jeannette war schneller.

„Zeig mal her. Nicht dass du die falschen Zahlen angekreuzt hast."

Karlo begann zu schwitzen. Bevor er in wirkliche Erklärungsnot geriet, meldete sich sein Handy. Erleichtert nahm er das Gespräch entgegen.

„Kölner? Was? Ach du, Otto!" Er lauschte einen Augenblick. „Langsam, Otto, ganz langsam", versuchte er den aufgeregten Biernat zu beruhigen. „Noch mal von vorne. Wo bist du jetzt? Bitte? Auf dem Friedhof? Und warum? Na gut. Bleib ganz ruhig. Ich komme. Wo? Alles klar. Gib mir eine Viertelstunde."

Karlo ignorierte die unzähligen Fragezeichen in Jeannettes Augen. Er riss die Jacke von der Garderobe. „Ich muss noch mal dringend weg. Ich weiß selbst nicht genau. Ach, ich erkläre es dir später."

Kölner drückte Jeannette einen flüchtigen Kuss auf die

31

Wange und huschte ins Treppenhaus. Im Laufen warf er seine Lederjacke über. Was sollte das nun wieder? Auf dem Friedhof! Makabrer Treffpunkt. Irgendetwas Übles musste passiert sein.

Gut zehn Minuten später stand Karlo auf dem Fechenheimer Friedhof an der vereinbarten Stelle und blickte um sich.

„Pssst. Karlo. Hier bin ich."

Karlos Kopf zuckte nach links. Hinter einer großen Hecke trat Otto Biernat hervor. „Otto. Was zum Teufel ist passiert?"

„Karlo", presste er hervor, „ich glaube, die sind hinter mir her. Als ich eben nach Hause wollte ..."

Fünf Minuten später war Karlo halbwegs im Bilde. Otto vermutete, dass in seiner Wohnung irgendetwas gefunden worden war. Und zwar etwas, das ihm Probleme bereiten würde. Die schlimmste anzunehmende Variante – eine Leiche – wäre zumindest eine Erklärung für den üblen Gestank, der sich die letzte Zeit in seiner Wohnung breitgemacht hatte.

Karlo rang mühsam um seine Fassung. „Willst du mir allen Ernstes erzählen, du hättest nichts damit zu tun? Bist du sicher?" Er ahnte, dass es gut wäre, gründlich über die Situation nachzudenken, doch für tiefergehende Gedanken fehlte die Zeit. Er schaute Otto Biernat durchdringend an. „Jetzt mal angenommen – nur angenommen, wir wissen ja noch gar nichts – es handelt sich wirklich um eine Leiche. Warum hast du sie nicht schon lange entdeckt?"

„Ich war eben einfach zu faul, die Kisten auszupacken." Biernat ließ kraftlos den Kopf hängen. Dann merkte er, worauf Karlo hinauswollte. „Du glaubst doch nicht, dass ich absichtlich eine Leiche bei mir in der Wohnung verrotten lasse? Das gibt doch keinen Sinn." Biernat rang verzweifelt nach Luft. „Ach, Karlo", fuhr er dann fort, „weißt du, mir ging es die letzte Zeit so beschissen, ich hatte einfach keinen Antrieb mehr. Als die meine Sachen aus dem Lager in die Wohnung gestellt haben, hatte ich eben keine Lust. Zu gar nichts."

„Aus dem Lager?"

„Ja. Als ich das letzte Mal im Knast war, bin ich aus meiner damaligen Wohnung geflogen. Deshalb sind meine Sachen in Kisten gepackt und eingelagert worden. Und wenn eine Leiche in meiner alten Wohnung gewesen wäre, hätten sie die bestimmt nicht in eine Kiste gepackt und mir später in die neue Wohnung zurückgebracht."

Das leuchtete Karlo ein. „Und was denkst du, soll ich jetzt tun?"

„Was meinst du?"

„Immerhin hast du mich angerufen."

„Ich weiß es nicht, Karlo. Ich weiß aber auch nicht, was *ich* jetzt tun soll."

Seine Verzweiflung schien echt. Otto sah aus wie ein Häuflein Elend und er begann, Karlo leid zu tun.

Kölner zog sein Handy aus der Tasche. „Einen Moment, Otto." Er wählte Georg Gehrings Festnetznummer. Hoffentlich war er zu Hause. Der ehemalige Hauptkommissar der Frankfurter Kriminalpolizei arbeitete seit einiger Zeit als privater Ermittler. Seine Frau hatte eine schöne Erbschaft gemacht und so konnte er es sich leisten, seinen stressigen und an der Seele nagenden Beruf an den Nagel zu hängen. Nun nahm er von Zeit zu Zeit einen Fall an, der ihn wirklich interessierte und dessen Bearbeitung ihm auch Spaß zu machen versprach.

Dachte er.

Doch dieses Mal hatte er die Rechnung ohne Karlo Kölner gemacht.

—

„Gehring?" Gehrings Frau Martina hatte abgenommen. „Ach, Sie sind's, Herr Kölner. Moment, ich gebe Ihnen meinen Mann."

Die hübsche brünette Frau sah die Neugierde in den Augen ihres Mannes aufblitzen. Das kannte sie. Und das liebte sie an ihrem Mann. Kölners angespannten Ton kannte sie allerdings auch. Es schien mal wieder etwas in der Luft zu liegen.

Martina Gehring war es damals auch, die ihrem Mann den Vorschlag mit den privaten Ermittlungen gemacht hatte. Sie hatte gespürt, dass ihm sein Beruf doch mehr fehlte, als er sich selbst zugestehen wollte. Es war die richtige Entscheidung gewesen, davon war sie heute noch überzeugt.

„Hallo, Herr Kölner", begrüßte Gehring seinen gelegentlichen Ermittlungshelfer. „Was gibt es Neues?"

„Könnte sein, dass es einen neuen Fall gibt."

„Einen neuen Fall?"

„Nun ja", druckste Karlo verlegen, „zuerst müssten Sie mal etwas recherchieren. Sie haben doch noch Kontakt zu Ihrem Ex-Kollegen Reichard."

„Zu Harald? Klar, das wissen Sie doch. Und?"

Karlo erklärte Gehring die Situation und gestand ihm, woher er Biernat kannte. „Ich dachte, Sie könnten vielleicht mal bei Reichard nachfragen, ob er über den Polizeieinsatz Bescheid weiß. Und wer ermittelt."

„Wird das ein offizieller Auftrag für mich? Oder auf was läuft das raus?" Gehrings Stimme klang neugierig, aber auch etwas besorgt.

„Na ja, viel zu holen gibt es bei unserem Mandanten nicht. Aber ich glaube ihm, und ..."

Gehring unterbrach Karlo. „Na gut, Herr Kölner. Ich sehe mal, was ich rausbekommen kann. Ich rufe Harald an und melde mich wieder, sobald ich mehr weiß."

„Danke. Bis dann, Herr Gehring."

„Bis dann." Der Ex-Hauptkommissar legte auf.

Gehring lehnte sich zurück. Harald. Er musste lächeln, als er an seinen alten Kollegen dachte. Der trauerte ihm scheinbar noch immer nach. Obwohl er mit seinem neuen Vorgesetzten durchaus gut zurechtkam. Doch manchmal, das hatte Reichard ihm schon berichtet, nervte Hauptkommissar Schönhals gewaltig. Ständig bildete sich Haralds neuer Vorgesetzter irgendwelche Krankheiten ein, meist ernster Natur, um dann Diagnose, Verlauf und alle Folgen lang und breit vor seinen Kollegen zu erörtern. Reichard war der Überzeugung, Schönhals hätte vielleicht besser Medizin studiert. Obwohl er nicht sicher war, dass dieser gerade das nicht heimlich neben der Arbeit tat.

Gehring grinste noch einmal belustigt und nahm sich vor, noch heute seinen Ex-Kollegen Kriminalkommissar Harald Reichard anzurufen.

In der Zwischenzeit brütete Karlo darüber, wie er Otto Biernat helfen könnte. Zur Polizei zu gehen erachtete er als unklug. Man hätte Biernat bestimmt sofort wieder eingebuchtet. Sollte er ihn mit nach Hause nehmen? Unmöglich. Jeannette würde sie hochkant aus der Wohnung werfen.

Das brauchte er gar nicht erst zu versuchen.

Dann fiel Karlo der Motorradclub ein. Er selbst hatte dort wohnen dürfen. Als er damals aus dem Knast kam und keine Bleibe mehr hatte. Sein altes Feldbett und der Schlafsack lagerten noch immer im Clubheim.

Das war die Idee.

Also wählte er Wolfhard Kuhls Nummer. Der Kassenwart des Clubs war einer seiner besten Freunde. Karlo hatte beschlossen, Kuhl zu überreden, Otto einige Tage im Clubheim übernachten zu lassen. Es musste ja nicht der ganze Club Wind davon bekommen. Vielen würde es möglicherweise gar nicht auffallen, wenn Otto dort logierte.

Der wohlbeleibte Kuhl war auch gleich am Telefon. Die volle Wahrheit wollte Karlo seinem Freund besser nicht präsentieren, sonst hätte er rundweg abgelehnt, das war mehr als nur eine Vermutung.

Kuhl war, wie bereits erwartet, wenig begeistert. Verständlicherweise. Nicht zuletzt, weil er Karlo genau kannte. „Ist ja alles gut und schön. Aber was ist das überhaupt für ein Bursche?" Argwohn lag in seiner Stimme.

„Ein alter Kumpel von mir", verbog Karlo die Wahrheit. „Er ist gerade in Frankfurt, hat nicht viel Geld und braucht eine Unterkunft. Ist wirklich nur für ein paar Tage. Alles ganz easy."

„Warum lässt du ihn dann nicht bei dir wohnen?"

„Na ja, du kennst doch Jeannette, und – ach, Mann, du weißt schon."

„Ich weiß schon? Ich weiß gar nichts. Außer, dass wahrscheinlich wieder mal was im Busch ist." Kuhls Lachen klang angestrengt. „Na gut," lenkte er nach einer Pause ein. „Aber nur für ein paar Tage." Er zögerte, dann setzte er hinzu: „Warum habe ich schon jetzt das Gefühl, dass es mir leid tun wird? Den anderen muss ich aber Bescheid sagen. Und Karlo ..."

„Ja?"

„Wenn da krumme Sachen laufen, dreh ich dir den Hals rum! Das meine ich ernst."

„Keine krummen Sachen, Kuhl."

„Weshalb überzeugt mich das bloß nicht?", brummte Kuhl. Dann legte er auf.

Otto Biernat hatte dem Gespräch mit gemischten Gefühlen gelauscht. Karlo legte ihm eine Hand auf die Schulter. „Ich hab einen Unterschlupf, in dem du dich für ein paar Tage verstecken kannst. Du bleibst dort und rührst dich nicht von der Stelle. Ich versuche mit Gehring zusammen rauszukriegen, was da läuft." Karlo schaute Biernat ernst ins Gesicht. „Und du hast wirklich keinen Dreck am Stecken?"

„Natürlich hab ich Dreck am Stecken. Ich war im Knast, was denkst du denn? Aber ich bring keine Leute um."

„Hm – na gut", entschied sich Karlo. „Warte hier. Ich hol mein Fahrzeug und bring dich hin."

Eine Viertelstunde später saß Karlo auf seinem MZ-Gespann und knatterte Richtung Friedhof. Der Zweitakt-Motor des betagten DDR-Motorrads mit Seitenwagen produzierte dicke blaue Wolken. Der weiße Halbschalenhelm auf Karlos Kopf verlieh dem Gesamtbild einen überaus nostalgischen Touch.

Biernat stand schon vor dem Hauptportal des Friedhofs, als Karlo in den Einbiglerweg Richtung Steinäcker Straße abbog. Er macht große Kulleraugen, als er Karlos Gefährt sah.

„Na los, steig ein", befahl Karlo ungeduldig.

„Ich soll was? *Da* einsteigen? Hast du wenigstens einen Helm für mich?" Starke Bedenken zeigten sich in Biernats Gesichtsausdruck.

„Der Beifahrerhelm liegt leider zu Hause. Wenn ich den jetzt noch hole, muss ich zu viel erklären – meine Freundin, verstehst du? Für Diskussionen haben wir jetzt keine Zeit."

Biernat verstand nicht. Immerhin gab er sich einen Ruck und stieg widerwillig ein. Karlo wendete und fuhr los. An der Einmündung zur Starkenburger Straße hielt er an. Links war frei. Dann zuckte er zusammen. Von rechts näherte sich ein Streifenwagen der Fechenheimer Polizei, dahinter ein Lkw. Der Streifenwagen fuhr vorbei und hielt Kurs Richtung Offenbach. Karlo atmete auf. Vielleicht hätte er doch den Helm für Otto holen sollen. Egal. Glück gehabt. Doch er wollte das Glück nicht überstrapazieren und beschloss, nicht auch noch hinter dem Streifenwagen herzufahren. Kurzerhand entschied er sich für den Weg über die Hanauer Landstraße nach Oberrad. Karlo gab Gas und bog rechts ab Richtung Alt-Fechenheim.

–

„Hast du das gesehen?" Dietmar Hund blickte seinen Kollegen auf dem Beifahrersitz fragend an.

„Bin ja nicht blind", versetzte Manfred Haffmann, der kleine blonde Streifenpolizist.

„Der Kölner."

„Ja. Ich hab's gesehen."

„Und ein Beifahrer im Seitenwagen."

„Ja."

„Ohne Helm."

„Ja."

„Eigentlich sollten wir."

„Ja. Eigentlich."

Für die beiden Streifenbeamten war es eine besondere, eine ungewohnte Situation. Karlo hatte vor nicht allzu langer Zeit Manfred Haffmann einen großen Gefallen getan. Er war buchstäblich über seinen Schatten gesprungen und hatte ihm im Laufe eines Falls*, den er zusammen mit Georg Gehring bearbeitet hatte, wie man salopp sagt: den Hintern gerettet. Und das, obwohl das Verhältnis zwischen den beiden Beamten und Karlo nicht unbedingt gut war. Und sie ständig hinter Karlo her waren, um ihm etwas anzuhängen. Das verunsicherte die beiden nun heftig.

„Er hat was gut bei uns", erinnerte Haffmann seinen Kollegen unnötigerweise.

„Ja, verdammt, das hat er."

„Also lassen wir ihn fahren?"

„Vielleicht besser nicht." Hund verzog das Gesicht zu einem gemeinen Grinsen. „Wäre doch eine gute Gelegenheit, ein Teil unserer Schulden abzutragen."

„Aber das tun wir doch, wenn wir ihn fahren lassen."

„Dann weiß er aber nicht, dass wir ihm einen Gefallen getan haben."

„Ach, du meinst ..."

„Klar." Hunds Grinsen wurde noch breiter. „Wenn wir ihn erst anhalten und ihn dann doch laufen lassen, weiß er wenigstens, dass wir ihm was zurückgegeben haben."

*Liebe, Tod und Apfelsekt
Karlo Kölners siebter Fall

„Also dann?"

„Dann mal los."

Dietmar Hund bremste, schaltete das Blaulicht ein und
wendete den Wagen knapp vor dem erschrockenen Gegenverkehr.

—

Kurz nachdem Karlo auf der Hanauer Landstraße die Rie-
derhöfe passiert hatte, sah er das Blaulicht im Rückspiegel
zucken. Die Gesichter hinter der Windschutzscheibe waren
ihm wohlbekannt.

„Diese Mistkerle", murmelte er und gab mehr Gas. Im
gleichen Moment wurde das Martinshorn zugeschaltet. Eine
große Chance hatte er nicht gegen den modernen Streifenwagen. Sein altertümliches DDR-Produkt war einfach
zu schwach. Er resignierte, ließ sich überholen und fuhr
schicksalergeben an den Straßenrand. Hoffentlich wurde
noch nicht nach Otto gefahndet.

Dann würde es böse aussehen.

—

„Wir haben ihn. Er gibt klein bei", feixte Haffmann. Im gleichen Moment, als er hinter dem Gespann anhalten wollte, sah
er den großen blau-roten Reisebus auf der Gegenfahrbahn.

„Hast du das gesehen?"

„Was gesehen?"

„Na, den Bus", stieß Haffmann aufgeregt aus.

„Was willst du mit dem blöden Bus?"

„Hast du das nicht gesehen, Mann?"

„Gesehen? Was soll ich gesehen haben?"

„Na, in dem Bus. Der Busfahrer."

„Was ist mit dem Busfahrer?"

„Na, der Busfahrer. Das war gar kein Busfahrer."

„Kein Busfahrer? Was denn dann?" Hund starrte seinen Kollegen konsterniert an.

„Da saß ein kleines Mädchen am Steuer!"

Zum zweiten Mal an diesem Tag wendete der Streifenwagen schwungvoll und nötigte den Gegenverkehr zu reaktionsschnellem Handeln.

Nach einigen beherzten Tritten aufs Gaspedal fuhren die Polizisten mit Blaulicht und eingeschaltetem Martinshorn direkt hinter dem Reisebus.

„Und du bist ganz sicher? Ein kleines Mädchen?"

„Wenn ich es dir doch sage. Und nebendran saß so ein dicker Kerl. Das ist geradezu unverantwortlich, sag ich dir." Haffmann war aufgebracht. „Das gibt ne fette Anzeige."

„Was willst du da machen?" Hund zuckte mit den Schultern. „Die spinnen eben, die Engländer."

„Wieso Engländer?" Haffmann gab sich ratlos.

„Na da, schau doch hin: *GB*. Das heißt Großbritannien. England – verstehst du?"

„Na klar", feixte Haffmann. „Aber vielleicht heißt es ja auch *Griminal-Bolizei*. Ich stopp die Fuhre jetzt."

Vor der Ampel an den Riederhöfen kam der Bus zum Stehen. Die beiden Beamten sprangen aus dem Wagen und gingen zum Bus.

„He", wunderte sich Haffmann. „Was ist das denn? Da ist ja gar keine Tür. Wo steigen die denn ein?"

„Durch den Schornstein vielleicht?" Hund kicherte und

lief um den Bus herum. „Hier, Manfred, komm her", rief er dann. „Hier geht's rein. Bei den Briten ist immer alles anders rum. Die fahren ja auch auf der falschen Straßenseite." Er lachte leise.

Haffmann kam mit gerunzelter Stirn um die Front des Busses gehuscht. Die Tür wurde unaufgefordert geöffnet.

Auf dem linken Sitz vor der Frontscheibe saß ein kleines Mädchen. In der Hand hielt sie ein kleines Lenkrad, wie von einem Tretauto, das sie wie wild hin- und herdrehte. Dabei imitierte sie laut Motorgeräusche mit ihrer piepsigen Stimme. Neben ihr, auf der rechten Seite, saß der Busfahrer.

Auch an einem Lenkrad. Aber am richtigen.

England eben.

Der starke Akzent stach Haffmann direkt ins Herz: „Stimmt irgendwat nickt, Herr Wacktmeister?"

Dietmar Hund senkte frustriert den Kopf und winkte erschöpft ab. „Alles gut. Fahren Sie bitte weiter. Gute Fahrt."

Wieder im Streifenwagen, auf dem Weg zurück zum Revier, herrschte eine peinliche Stille. Als die Beamten das Revier betraten, fragte Haffmann vorsichtig: „Glaubst du, Kölner hat noch auf uns gewartet?"

Er bekam keine Antwort.

Mittwoch, 15. Juli
Frankfurt am Main

5

Karlo setzte den Helm ab und schaltete den Motor aus. Verwundert sah er, wie der Streifenwagen gewendet wurde. Was sollte das jetzt? Oder hatte das Blaulicht gar nicht ihm gegolten? Das konnte er fast nicht glauben. Er kratzte sich irritiert am Kopf und schaute zu Otto in den Beiwagen. Der zuckte nur mit den Schultern.

„Glück gehabt, was? Auch gut, dann fahren wir eben weiter." Karlo drückte sich den Helm wieder auf den Schädel, trat zwei- oder dreimal auf den Kickstarter und fuhr los. Bei einem kleinen Zwischenstopp in der Ferdinand-Happ-Straße besorgten die beiden noch einige Lebensmittel und etwas Waschzeug in einem Supermarkt. Zum Glück hatte sich Karlo zu Hause wieder etwas Geld eingesteckt. Von Otto war in dieser Hinsicht nichts zu erwarten, dachte er bekümmert.

Dann nahmen sie Kurs Richtung Oberrad.

Otto staunte nicht schlecht, als er die Hütte betrat. „Wahnsinn! Ist ja wirklich alles da, was man braucht." Mit leuchtenden Augen und unverhohlener Gier trat er auf den Gastronomie-Kühlschrank mit der Glasscheibe zu und musterte den Inhalt. Ein wohlgefüllter Kühlschrank, erkannte Otto mit Kennerblick.

Karlos Kennerblick hingegen registrierte sofort die Gedanken seines Schützlings. „Denk erst gar nicht dran", warnte er. „Es sei denn, du bezahlst, was du trinkst. Ansonsten lässt du deine verdammten Finger vom Kühlschrank."

Eine halbe Stunde später hatte Karlo sein altes Feldbett aufgestellt und den Schlafsack darauf platziert, der für alle Fälle in einer Plastiktüte im Getränkelager aufbewahrt war.

„Hier, die Fernbedienung." Karlo zeigte auf den großen Fernseher in der Ecke. „Wenn dir langweilig wird. Deine Fressalien stehen im Kühlschrank in der Küche. Und jetzt setz dich mal hin." Karlo zog zwei Flaschen Bier aus dem Kühlschrank und öffnete sie. Dann setzte er sich zu Otto, der schon brav am Tisch Platz genommen hatte. „Hier!" Er stellte eine Flasche vor Otto auf den Tisch. „Die geht auf's Haus. Und jetzt erzähl noch mal ganz genau, was passiert ist."

Biernat setzte die Flasche an und nahm einige gierige Schlucke. „Ich hab keine Ahnung, was passiert ist", lamentierte er dann. „Ich weiß es wirklich nicht. Aber was Gutes ist es bestimmt nicht. Sonst wären da nicht die vielen Bullen rumgewuselt."

„Glaubst du wirklich, du hattest eine Leiche in deiner Wohnung?" Karlo schaute misstrauisch. „Oder *weißt* du das vielleicht sogar?"

Otto zuckte verzweifelt mit den Schultern.

Karlo winkte ab. „Na gut, ich schau mal, was ich rauskriegen kann. Aber du rührst dich hier nicht von der Stelle", warnte er nochmals. „Ich ruf dich an, wenn ich mehr weiß."

„Mein Akku ist fast leer."

Karlo rollte mit den Augen. „Dann lad ihn eben auf."

„Geht nicht. Das Ladegerät liegt in meiner Wohnung."

Karlo ließ die Schultern sacken. „Dann komm ich eben vorbeigefahren." Er schob seine Bierflasche über den Tisch. „Hier, ich muss noch fahren. Hatte ich ganz verdrängt. Kannst du noch austrinken. Und wie gesagt: Rühr dich nicht aus dem Haus. Versprich mir das!"

Otto nickte verhalten.

Damit verließ Karlo das Gartengelände und bestieg sein MZ-Gespann.

Als Karlo Richtung Fechenheim knatterte, fiel ihm wieder der Lottoschein ein. Wo das verdammte Ding wohl abgeblieben war? Er beschloss des lieben Friedens willen noch einmal zu spielen, sollte sich der Schein nicht im Laden gefunden haben.

Wahrscheinlich würde es nicht einmal drei Richtige geben, dachte er vergrätzt.

Der Ladeninhaber des Schreibwarengeschäfts musste passen. Er hatte weder einen Lottoschein noch eine Spielquittung gefunden. „Rausgeschmissenes Geld", knurrte Karlo verdrossen, während er widerwillig einen Spielschein aus dem Regal nahm. Er zog den kleinen Halter mit dem angeketteten Kugelschreiber näher heran und sah noch einmal zur Sicherheit auf Jeannettes gelben Zettel.

Nachdem er das Kästchen mit Jeannettes Traumzahlen ausgefüllt hatte, zögerte er. Unsicherheit ergriff ihn. Sollte er zusätzlich noch die Reihe spielen, die ihm Otto diktiert hatte? Die Zahlen waren ihm im Gedächtnis geblieben, klar und deutlich. Die Unsicherheit wuchs. Was wäre, wenn sie gezogen würden?

Mit einem Mal ergriff ihn ein unbändiger Zorn. Wütend über seine eigene Wankelmütigkeit entschied er sich dagegen. Fing er jetzt auch noch damit an? Mit dieser Lotto-Spinnerei? Nein, niemals! Er würde sich das Geld sparen. Es war zwar nur ein kleiner Betrag, aber auch ein oder zwei Euro wirft man nicht einfach so auf die Straße. Er schnaubte verächtlich und war froh, dass er Jeannette nichts von dem zweiten Kästchen erzählt hatte.

Er biss die Zähne zusammen, bezahlte und machte sich auf den Heimweg.

Wie er mit Otto verfahren würde, konnte er entscheiden, wenn sich Gehring gemeldet hatte und mehr Klarheit herrschte.

—

Lotto-Otto saß derweil im Clubheim in Oberrad am Tisch und hatte die dritte Flasche Bier geöffnet.

Und er fühlte sich nicht wohl in seiner Haut.

Denn nicht nur die befremdliche Situation, in die er da geraten war, machte ihm zu schaffen. Nein, auch das schlechte Gewissen setzte ihm zu. Mehr als er jetzt gerade gebrauchen konnte. Karlo war wirklich ein guter Kerl. Und er, Otto Biernat, was tat er? Er hatte nichts Besseres zu tun, als ihn zu beklauen. Das tolle Essen heute Mittag, die rettende Unterkunft, und überhaupt, die Tatsache, dass Karlo ihn aus der Schusslinie nahm, weil er von der Polizei gesucht wurde. Ganz abgesehen davon, dass Karlo augenscheinlich über gute Verbindungen verfügte, die ihm vielleicht aus der Patsche helfen könnten.

Otto zog Lottoschein und Quittung zögernd aus der Tasche seines Sakkos und legte beides vor sich auf den Tisch.

Von der Theke, die an der Wand rechts des Eingangs stand, holte er sich einen Kugelschreiber und einen kleinen Schreibblock. Dann schaltete er den Fernseher ein. Die Ziehung war leider schon gelaufen, und Internet funktionierte nicht auf seinem altertümlichen Handy. Ganz abgesehen von seinem fast leeren Akku. In irgendeiner Nachrichtensendung aber würden die Zahlen schon durchgegeben werden.

Und Lotto-Otto hatte ein verdammt gutes Gefühl.

Wieder einmal.

—

Wolfhard Kuhl hingegen plagte ein verdammt schlechtes Gefühl. Der Oldtimer-Liebhaber stand in seiner Werkstatt und schraubte an einer über 60 Jahre alten Horex Regina 400 herum, einem seiner Lieblingsobjekte.

Kuhl bekam das Telefonat mit Karlo nicht aus dem Kopf. Wieder einmal hatte er ihn breitgeschlagen. Kaum eines der anderen Vorstandsmitglieder war von Karlos Bitte begeistert gewesen. Harleyfahrer Karl Einser, Hundeführer bei der Frankfurter Polizei und langjähriges Clubmitglied, hatte es auf den Punkt gebracht: „Wenn Karlo irgendetwas will, dann kriegt er auch irgendetwas. Und zwar meistens irgendwelche Schwierigkeiten. Und alle, die er reinzieht, kochen in derselben Suppe mit."

Kuhl hatte diesem Statement vorbehaltlos zugestimmt. Gewiss, grübelte er, Karlo war ein guter Kerl. Klar, er meinte es immer gut und wollte helfen. Und ohne Zweifel, er war ein guter Freund geworden. Aber er war auch ein hoffnungsloser Chaot. Natürlich hatte er in der vergangenen Zeit schon einiges dazu beigetragen, dass die Frankfurter Polizei gute Ermittlungserfolge vorweisen konnte. Georg Gehring konnte das nur bestätigen. Aus seiner Zeit als Hauptkommissar bei der Kripo wie auch in seiner Eigenschaft als privater Ermittler. Auch Harald Reichard und sogar sein neuer Chef, der ebenso misstrauische wie auch extrem hypochondrisch veranlagte Hauptkommissar Schönhals, könnten das bezeugen.

All das vertrieb Kuhls schlechtes Gefühl nicht.

Er musste etwas tun.

Also beschloss er nach Oberrad ins Clubheim zu fahren, um sich Karlos alten Kumpel einmal anzusehen. Nur zur Sicherheit. Er wusch sich die Hände an dem kleinen Becken, das er in seinem Arbeitsraum installiert hatte. Dann schloss er die Werkstatt ab, ging über den Hof und öffnete die Haustür, um seine Motorradjacke zu holen. Als er in die Diele trat, hörte er den Fernseher laufen. Seine Frau Kristin schien einen Film zu gucken. Kuhl hatte keine Lust, den ganzen Sachverhalt mit seiner Frau durchzukauen, zumal er fürchtete, sie könne ihm Vorhaltungen machen, dass er Karlos Ansinnen zugestimmt hatte. Deshalb versuchte er so leise wie möglich zu sein, als er nach seinem Helm auf der Ablage griff. Er hatte vor, ganz still und heimlich für ein Stündchen zu verschwinden, um sich Karlos Freund einmal anzusehen. Kristin wusste, dass er in der Werkstatt am Schrauben war und behelligte ihn dort in aller Regel nicht. So würde sie seine Abwesenheit gar nicht bemerken.

Dachte Kuhl.

Als Kuhl seinen Helm von der Ablage nahm, streifte er mit dem offenstehenden Visier den Helm seines Sohnes, der sich ebenfalls auf der Ablage befand.

Ab jetzt lief alles wie im Film. Die Schwerkraft bemächtigte sich Gerris Kopfbedeckung in vollem Umfang. Kuhl griff reflexhaft zu, dabei verlor er die Kontrolle über seinen eigenen Helm. Der machte nun seiner Bezeichnung „Sturz-helm" alle Ehre und verursachte zusammen mit Gerris Helm einen nicht unerheblichen Radau beim Aufprall auf den Boden der Diele der Familie Kuhl.

„Wolfhard? Bist du das?"

Kuhls Gesicht färbte sich dunkelrot.

Die Wohnzimmertür öffnete sich, und Kristin kam mit leichtem Hinken auf ihn zugelaufen. Die Folgen einer komplizierten Hüftoperation beeinträchtigte sie zur Zeit noch etwas und verhinderte, dass sie an gemeinsamen Ausfahrten teilnehmen konnte. Ihr kleiner Yamaha-Chopper stand derweil in der Garage neben der Suzuki ihres Sohnes Gerri und der schwarz-gelben BMW R1150R ihres Mannes unter einer Plane, um nicht einzustauben.

„Was ist los mit dir, Wolfhard?"

„Ach, nix", wiegelte Kuhl ab und zog dabei seine alte Textil-Motorradjacke über. „Mir sind nur die Scheiß-Helme runtergefallen."

„Was heißt das: nix? Willst du noch mal weg?"

„Ja! Nein! Ja, doch! Das heißt, ich muss noch mal schnell in den Garten."

Wolfhard! Hier stimmt doch was nicht!, dachte Kuhl.

„Wolfhard! Hier stimmt doch was nicht!", rief Kristin.

Kuhl schloss ergeben die Augen. Man kannte sich.

In aller Kürze erklärte Kuhl, wohl oder übel, seiner Frau den Sachverhalt. „Ich wollte dich nicht beunruhigen und dabei auch noch beim Fernsehen stören. Das ist schon alles, ehrlich", schloss er seine Ausführungen etwas genervt.

„Ach was, hör nur auf. Ehrlich. Das hättest du mir doch

alles sagen können. Ist doch nicht schlimm. Karlo wohnt doch auch ab und zu im Clubheim."

Das war schon alles? Kuhl stieß erleichtert den Atem aus. „Hast ja recht. Tut mir leid", entschuldigte er sich hastig. Er hauchte seiner Frau einen flüchtigen Kuss auf die Wange.

Raus aus der Diele.

Rein ins Treppenhaus.

„Denk bloß nicht, dass ich mich damit zufriedengebe. Das war noch nicht alles!", klang es ihm hinterher.

Wie gesagt, man kannte sich.

—

In der Zwischenzeit war Karlo wieder zu Hause angekommen. Kaum war er durch die Wohnzimmertür geschlüpft, wurde er von Jeannette überfallen.

„Der Schein", bohrte sie argwöhnisch. „Ich will endlich den Lottoschein sehen. Und die Quittung."

„Also wirklich, Jeannette. Das ist jetzt nicht wahr. Du vertraust mir nicht. Ich hab dir doch gesagt, dass ich gespielt habe."

Karlo war heilfroh, einen neuen Schein besorgt zu haben. Er hängte seine Jacke an die Garderobe und zog den neuen Schein aus der Innentasche. „Hier. Da ist das gute Stück. Ganz wie versprochen. Was sagst du jetzt?"

Karlo hielt Jeannette den Lottoschein mit dem Quittungsausdruck unter die Nase. Jeannette riss ihm den Schein aus der Hand und stürmte ins Wohnzimmer. Karlo folgte ihr.

„Ach, ich bin ja so aufgeregt. Ich habe mir vorhin die Ziehung im Internet angesehen und dabei die Zahlen aufgeschrieben." Sie hielt ein Stück Papier in die Luft, das sie vom Rand der Tageszeitung abgerissen hatte. Mit rotem Kugelschreiber waren die aktuellen Zahlen in Jeannettes kleiner Schrift darauf notiert.

Karlo konnte eine gewisse Neugier nicht verhehlen. „Und? Haben wir was gewonnen?"

„Woher soll ich das jetzt schon wissen?"

„Ich denke, du hast die Zahlen im Kopf. Deshalb haben wir doch überhaupt gespielt."

„Wie meinst du das?"

„Du hast doch gesagt, dass wir unbedingt spielen müssen, weil du die Zahlen aus deinem Traum nicht aus dem Kopf bekommst. Und du sagtest, wenn die Zahlen gezogen würden und du kriegtest sie mit ..."

Jeannette kicherte unbekümmert. „Ach Gott, die Zahlen. Die hatte ich völlig vergessen. Zum Glück hatte ich sie auf den gelben Zettel geschrieben."

Der Zettel!

Sofort wurde sie unruhig. Hektisch blickte sie Karlo ins Gesicht. „Wo ist dieser Zettel eigentlich?"

„Du hast die Zahlen vergessen?" Karlo konnte es nicht glauben. „Heißt das etwa, ich hätte gar nicht zu spielen brauchen?"

Jeannette stellte sich dumm. „Wieso denn nicht?"

„Das ist doch ganz logisch."

„Was soll daran logisch sein?"

„Nun", versuchte Karlo, immer noch ganz die Ruhe selbst, zu erläutern, „weil, wenn du die Zahlen nicht mehr gekannt hättest, wäre es ja auch nicht schlimm gewesen, wenn sie gezogen worden wären."

„Natürlich wäre das schlimm gewesen. Dann hätte ich ja nicht gewonnen."

Karlo runzelte die Stirn – und irgendwie packte ihn nervöse Spannung. „Ja, hast du denn gewonnen?", fragte er mit leiser Hoffnung.

„Das weiß ich doch nicht. Ich habe die Zahlen ja nicht mehr im Kopf. Wo ist der gelbe Zettel?"

„Du traust mir nicht!"

„Der gelbe Zettel, bitte schön."

Karlo ging seufzend in die Diele und fingerte den Zettel aus der Jackentasche. Seine Geduld war am Schwinden.

„Hier, bitte schön, dein gelber Zettel."

Eilig verglich Jeannette die Zahlen mit denen auf dem Lottozettel. Dann sprang sie auf und stieß einen Schrei aus.

„Wir haben gewonnen!"

Karlo verstand nicht. „Wie jetzt?"

„Na, die Zahlen. Die Zahlen stimmen. Wir haben gewonnen!"

Jetzt platzte Karlo der Kragen. „Natürlich stimmen die Zahlen! Die hab ich ja von diesem gelben Zettel abgeschrieben, oder? Du musst die Zahlen vom Schein mit denen vergleichen, die heute gezogen worden sind."

Die blonde Frau sank enttäuscht zurück auf die Couch. Dann wurde sie fuchsteufelswild und spuckte Gift und Galle. „*Immer* bist du so negativ. *Nie* unterstützt du mich mal, wenn es um *meine* Angelegenheiten geht."

„Was hast du denn? Jetzt guck doch erst mal nach, ob wir vielleicht nicht doch gewonnen haben."

„Und was heißt überhaupt *wir*? Das sind immer noch *meine* Zahlen." Mit beleidigtem Blick wandte sich Jeannette den aktuellen Zahlen auf dem Zeitungsschnipsel zu und verglich sie lustlos mit denen auf dem Schein.

Dann schaute sie empört auf. „Das war ja klar. Nichts.

Noch nicht einmal eine einzige Zahl stimmt. Was soll auch schon dabei rauskommen, wenn man dich *einmal* zum Lotto-spielen schickt."

Karlo traute seinen Ohren nicht. „Jetzt soll *ich* daran schuld sein, dass *du* nicht gewonnen hast?"

„Wer hat denn gespielt, du oder ich?"

Karlos Adrenalinpumpe sprang an und schaltete sofort auf Druckbetankung. Nur mit Mühe bändigte er den auf-kommenden Zorn. Er presste die Lider aufeinander, atmete tief und regelmäßig und begann langsam, von hundert an rückwärts zu zählen. Als er bei dreiundsiebzig angekommen war und die roten Schleier vor seinen Augen sich langsam zu heben begannen, hörte er die quengelige Stimme seiner Freundin. „Ha, da! Schau an. Hab ich's mir doch gedacht! Du hast mich angelogen!"

„Was ist denn jetzt schon wieder?" Die roten Schleier senkten sich erneut, und Karlo begann zu vibrieren.

„Du hattest noch gar nicht gespielt, als du heute das erste Mal zu Hause warst."

„Wie kommst du denn darauf?", versetzte Karlo schein-heilig. Ihm schwante nichts Gutes.

„Du bist heute um halb vier hier gewesen. Auf dem Quit-tungsausdruck steht aber siebzehn Uhr fünfundvierzig."

Karlo ballte erregt die Fäuste, doch dann sackten seine Schultern resigniert nach unten.

Der Dumme ist eben immer der Depp.

„Doch", sagte er matt. „Doch, ich hatte gespielt. Es ist nur ein bisschen ...", er machte eine deprimierte Pause und rang verzweifelt nach den richtigen Worten, „... es ist nur ein bisschen komplizierter, als du glaubst."

Karlo wollte unter allen Umständen eine neuerliche Debatte verhindern. Er setzte auf Deeskalation, glitt geschmeidig neben Jeannette aufs Sofa und legte ihr den Arm um die Schultern. „Jetzt hör mal zu: Du hast doch noch von dem guten Rotwein. Diese portugiesische Fruchtbombe, von der dir Sina zwei Kisten aus dem Vinum in Fulda mitgebracht hat." Karlo überlegte. „Wie hieß der? Ach, ja, *Bons Ventos.* Von dem machen wir uns jetzt eine Flasche auf, und ich erzähle dir alles. In aller Ruhe." Er drückte seine Freundin fest an sich und gab ihr einen schallenden Kuss aufs Ohr. „Was meinst du?" Er lehnte sich zurück. „Als wir den zum ersten Mal probiert haben, hätte ich nicht gedacht, dass sich hinter dem nüchternen Etikett so ein toller Wein verbergen würde."

„Nüchtern? *Du* warst danach jedenfalls nicht mehr nüchtern. Außerdem hab ich Hunger", nörgelte es zurück. Jeannette machte sich kratzbürstig frei. Das Ganze klang jedoch schon weniger verärgert.

Karlo reagierte schnell. „Ich bestelle uns Pizza, okay?"

„Du zahlst."

„Meinetwegen."

„Und glaub nicht, du kriegst das Geld für den blöden Lottoschein wieder."

„Schon klar", grinste Karlo verschmitzt. „Und jetzt? Rotwein?"

„Aber unbedingt", bestätigte Jeannette mit dem Anflug eines Grinsens. Dann blitzte die Neugier in ihren Augen. „Und wehe, du hast keine gute Geschichte dazu."

Mittwoch, 15. Juli
Frankfurt am Main

6

Otto Biernat schlug das Herz bis zum Hals, als er am Ende der Nachrichten die Lottozahlen mitschrieb. Mit zitternden Fingern griff er nach dem Schein, um zu vergleichen, was er eigentlich nicht zu vergleichen brauchte.

Bingo!

Diese Zahlen waren schon lange in seinem Gedächtnis gespeichert. Wie sollte es auch anders sein? Nun durchfuhr es ihn heiß und kalt. Mit einer fahrigen Bewegung stieß er einige der leeren Bierflaschen um, die sich im Laufe des Abends auf dem Tisch angesammelt hatten. Dann hob er erschrocken den Kopf.

Was war das?

Das Gartentor. Es quietschte leise in den Angeln. Nur ein kurzes Geräusch, dann herrschte wieder Stille. Kam da jemand? Wer konnte das sein? Er drehte den Kopf zum Eingang und stand langsam auf. *Der Lottoschein*, fuhr es ihm durch den Kopf. Wenn Karlo nun zurückgekommen war? Er musste den Schein verschwinden lassen. Mit angehaltenem Atem blickte er sich um.

Die Bullen! Das war sein nächster Gedanke. Was sollte er tun, wenn es die Bullen waren? Hatte Karlo ihn doch in eine Falle gelockt? Immerhin schien er einige Polizisten zu kennen. Vielleicht ahnte sein alter Zellennachbar, dass er ihm den Lottoschein geklaut hatte und wollte sich nun an ihm rächen. Was sollte er tun? Wie reagieren?

Er ging in die Hocke und schlich vorsichtig auf die Tür zu. Am Eingang drückte er auf den Schalter und knipste das Licht aus.

—

Der Neuankömmling stand vor dem Garten und wunderte sich. Da brannte Licht im vorderen Raum des Clubheims. Allerdings stand nirgends ein Fahrzeug. Wer also konnte im Clubheim sein? Er drückte die Klinke des Gartentors. Es war nicht abgeschlossen. Mit leisem Quietschen ließ es sich aufdrücken. Zögerlich betrat er das Gelände. Als er auf die Hütte zuging, erlosch plötzlich das Licht. Er runzelte die Stirn und blieb stehen. Nichts rührte sich.

Ein ungutes Gefühl packte ihn, und sein Herz begann zu pochen. Angestrengt lauschte er.

Absolute Stille. Nichts war zu hören.

Dann ein metallisches Rumpeln. Eine Straßenbahn fuhr oberhalb des Gartens auf der Offenbacher Landstraße vorbei. Er wartete, bis es wieder still war, dann ging er weiter. Was sollte er tun, wenn Einbrecher am Werk waren? Oder war alles ganz harmlos? Erneut bewegte er sich zwei, drei Schritte auf das Clubheim zu, dann blieb er wieder stehen und horchte. Nichts. Langsam schlich er weiter, vor der Tür zögerte er.

Noch zwei Schritte nach rechts.

Da – ein Knarren, ganz leise, aus dem Inneren der Hütte. Jetzt war er sicher.

Da war jemand.

Verstohlen schlich er zurück zu seinem Fahrzeug. Er brauchte eine Waffe. Nach kurzem Nachdenken hob er den Deckel des Kofferraums an und zog die Arbeitshandschuhe über, die auf dem Werkzeugkasten lagen. So hätte er einen besseren Griff, wegen der ölverschmierten Oberfläche, hoffte er. Aus dem Werkzeugkasten entnahm er den großen Sternmutterschlüssel. Die kleine Taschenlampe steckte er in die Hosentasche.

Ängstlich pirschte er zurück. Vor einem der Fenster an der Vorderseite der Hütte blieb er stehen.

—

Im Inneren der Hütte wartete Biernat, bis sich seine Augen an die Dunkelheit gewöhnt hatten. Dann erhob er sich langsam, machte einen Schritt zum Fenster links neben der Tür und spähte angestrengt in die Dunkelheit. Langsam bewegte er sich immer näher auf das Fenster zu.

Als er die Glasscheibe an seiner Nase spürte, schoss ihm der Schreck in die Knochen. Tausend kleine Nadeln pieksten ihn am ganzen Körper, und ein Schauer lief ihm über den Rücken.

Da! Was war das? Ein Gesicht! Nur Zentimeter von seinem eigenen entfernt.

Ein Gesicht vor dem Fenster!

Sein Herz begann zu rasen. Er taumelte rückwärts.

Da war jemand am Fenster! Und es waren nicht die Bullen. Aber Karlo konnte das auch nicht sein, der wäre einfach reingekommen. Panik ergriff ihn, er wollte nur noch weg von hier.

Die zweite Tür.

Hinten im Getränkelager gab es eine zweite Tür. Hatte er vorhin richtig gesehen? Wenn dort eine Tür war, konnte er von dort unbemerkt ins Freie gelangen.

Unbemerkt von wem?

So leise er konnte, schlich er durch die Küche in den hinteren Raum, der als Getränkelager diente.

Die Tür! Er hatte richtig gesehen.

Hoffentlich war sie nicht abgeschlossen. Doch seine Hoffnung schwand schnell. Natürlich war die Tür abgeschlossen. Es gab keinen Grund, ausgerechnet diesen Eingang nicht zu verriegeln.

In diesem Moment hörte er, wie sich jemand am Schloss dieser Tür zu schaffen machte. Übermächtig packte ihn die Angst. Dieser Jemand konnte nichts Gutes im Schilde führen.

Zurück in die Küche.

Seine Augen hatten sich mittlerweile an die Dunkelheit gewöhnt. Gehetzt blickte er um sich. Da. Auf dem Küchentisch. In der Dunkelheit erkannte er die Konturen einiger Gegenstände. Ungeschickt tastete er auf dem runden Tisch herum, bekam das lange Brotmesser mit dem scharfen Wellenschliff zu fassen.

Ein leises Quietschen der Türangeln.

Er wirbelte herum, kopflos, stürmte durch die Küche, hinein in den Thekenraum und riss verzweifelt an der Türklinke.

Raus hier. Nichts wie raus.

Die Tür ließ sich nicht öffnen.

Jemand hatte abgeschlossen.

Von außen.

Er saß in der Falle.

Aus dem Getränkelager drangen Geräusche zu ihm.

Schritte näherten sich.

Vorsichtige Schritte – langsam, leise, verstohlen.

Fieberhaft, mit fliegenden Fingern und in der linken Hand das Messer, wühlte Otto in seinen Taschen nach dem Schlüssel, den Karlo ihm überlassen hatte. Eines wusste Otto hundertprozentig: *Er* hatte die Eingangstür nicht abgeschlossen.

Er bekam den Schlüssel zu fassen.

Verzweifelt suchte er nach dem Schloss, seine Finger gerieten außer Kontrolle.

Die Schritte kamen immer näher.

Er schaute zum Kücheneingang. Der grelle Strahl einer Taschenlampe flammte auf. Geblendet kniff er die Augenlider zusammen. Zitternd vor Angst entglitt der Schlüssel seinen bebenden Fingern. Ein höhnisches Klackern drang an seine Ohren, als er auf dem Holzboden aufschlug.

Otto Biernat blieb die Luft weg. Kalter Schweiß brach ihm aus. Eine unsichtbare Schraubzwinge legte sich um seine Brust. Der Raum schien sich um ihn zu drehen, der Schwindel nahm rasend zu. Er stöhnte laut, rang nach Luft, stolperte benommen rückwärts und begann zu straucheln. Dann fiel er hintenüber und kam auf der Eckbank gegenüber der Theke zum Sitzen. Er spürte, wie es zwischen seinen Beinen feucht wurde.

Ein letztes Gefühl, Scham.

Das Deckenlicht flammte auf.

Er nahm seine letzte Kraft zusammen, riss den Arm mit dem Messer hoch. Seine Augen weiteten sich.

Das Gesicht vor dem Fenster.

An dieses Gesicht würde sich Otto noch in der Hölle

erinnern. Weit aufgerissene Augen. Angstverzerrte Züge. Und wild entschlossen.

Scheinbar zu allem.

Otto Biernat sah noch diese Hand.

Diese Hand mit dem riesigen Werkzeug darin, das sich nun, scheinbar wie in Zeitlupe, auf seinen Kopf zubewegte.

Ein letzter Gedanke noch.

Der Schein, die Zahlen, sollte das alles umsonst gewesen sein?

Würde Karlo ihm verzeihen?

Mittwoch, 15. Juli, später am Abend
Frankfurt am Main

7

Kuhl bockte die BMW vor dem Gartentor auf. Er zog den Helm vom Kopf und hängte ihn an den Lenker.

Kein Licht war zu sehen. Die Hütte lag komplett im Dunkeln. Komisch. Vielleicht war Karlos Kumpel noch nicht da? Wenn er Karlo richtig verstanden hatte, konnte das eigentlich nicht sein.

Kuhls schlechtes Gefühl verstärkte sich. Er drückte das Gartentor auf. Nicht abgeschlossen. Also war jemand hier gewesen. Doch keiner aus dem Club würde das Gelände verlassen, ohne abzuschließen. Hatte Karlos Bekannter sich schon hingelegt?

Kuhl ging zur Eingangstür und zog an der Klinke.

Abgeschlossen.

Da war was faul, nun war sich Kuhl sicher.

Er ging am Gebäude entlang, bis er die Tür zum Getränkelager erreicht hatte. Er drückte die Klinke. Die Tür war offen.

Verdammt, was hatte das zu bedeuten?

Kuhl presste die Lippen aufeinander. Hier war wirklich etwas nicht in Ordnung. Kuhl war nicht ängstlich, aber nun wurde er zusehends unruhiger. Sollte er jemand zur Unterstützung rufen? Nur zur Absicherung? Vielleicht waren ja nur irgendwelche Penner eingedrungen, um an die Getränke zu gelangen. Das war in den letzten Jahren immer mal wieder vorgekommen.

Kuhl verdrängte die Angst. Ein paar Penner konnten ihn nicht schrecken. Er stapfte entschlossen zurück zur Eingangstür, schloss die Tür auf, trat ein und schaltete das Licht ein.

Als Erstes sah er ein halbes Dutzend leergetrunkene Bierflaschen. Drei davon standen auf dem Tisch, weitere drei lagen davor. Eine davon war auf dem Boden zerschellt.

Als Zweites sah er ein Paar brauner abgetragener Wildlederschuhe. Sie ragten direkt unter dem zweiten Tisch, der links der Eingangstür stand, heraus.

Als Drittes sah er das Blut. In einem kleinen Rinnsal von etwa einem halben Zentimeter Breite lief der rote Lebenssaft von der Stirn eines hageren Mannes und bildete eine kleine, nicht ganz handtellergroße Pfütze neben seinem Kopf. Bekleidet war er mit einem viel zu großen Fischgratsakko und einer rostroten Cordhose. Neben seinem rechten Bein lag ein großes Brotmesser.

Kuhl beugte sich nach vorne und stupste mit der Hand gegen das linke Bein des Mannes. „Hallo. Hören Sie mich? Was ist passiert?"

Der Mann rührte sich nicht.

In der Erinnerung hörte Kuhl deutlich Karlos Stimme: *„Keine krummen Sachen, Kuhl."*

„Verdammt, Karlo!", schrie es in dem korpulenten Motorradfahrer immer wieder, „Kaaarlooo!"

Gut fünfzehn Minuten später hörte Kuhl das langsam lauter werdende Martinshorn. Etwas zwanzig Minuten später zogen die Notfallmediziner Otto Biernat unter dem Tisch hervor. Und eine gute Dreiviertelstunde später hatten die Kollegen des Sana-Klinikums, früher auch unter dem Namen Stadtkrankenhaus Offenbach bekannt, eine Menge Arbeit.

Eine volle Stunde später beschwerte sich Hauptkommissar Schönhals erzürnt bei Wolfhard Kuhl, dass das Opfer schon „überseitegeräumt" worden sei.

Kuhl war mit Schönhals wie auch mit seinem Kollegen Harald Reichard bestens bekannt. Und zwar durch vorangegangene kriminelle Ereignisse, bei denen im Übrigen auch immer Karlo Kölner mit im ermittlungstechnischen Boot gesessen hatte. Meist nicht zur hellen Freude der ermittelnden Beamten.

„Jetzt machen Sie aber mal einen Punkt, Herr Schönhals", versetzte Kuhl ärgerlich. „Hätte man den Mann hier verrecken lassen sollen?"

„Wie? Der Mann ist nicht tot? Warum erfahre ich das erst jetzt?"

Kommissar Harald Reichard war inzwischen näher getreten. „Chef, Herr Kuhl hat eigentlich alles richtig gemacht. Er hat den Notarzt gerufen und vielleicht ein Leben gerettet. Dann hat er die Polizei gerufen. Was er nicht unbedingt gemusst hätte, denn wenn der Notarzt einen Hinweis auf ein Verbrechen ..."

„Ich weiß, ich weiß, Reichard. Kenne mich mit Ärzten aus. Tut mir leid. Ich hab momentan nur so grässliche Schmerzen in der Hüfte. Das fühlt sich überhaupt nicht gut an, wissen Sie. Die Symptome sind ähnlich wie bei der *Rapid Progredienten Osteolyse*, einer Art galoppierender Knochenauflösung. Sie wissen schon, eine seltene Krankheit, gegen die es keine Medikamente gibt, verstehen Sie? Wahrscheinlich nie geben wird. Die Pharmaunternehmen haben leider kein Interesse, nach entsprechenden Medikamenten zu forschen, weil sie damit keinen Gewinn machen können. Die Krankheit ist eben viel zu selten, und ...“

„Chef, wir ...“

„Ist ja gut, Reichard. Ich weiß, ich langweile Sie mit meinem Leid. Aber *Sie* müssen die Schmerzen ja nicht aushalten. Und die Sorgen.“ Schönhals blickte mit grimmigem Gesicht in die Runde, dann humpelte er ächzend zur Eingangstür. Kurz davor machte er Halt und drehte sich zu Kuhl. „Sagen Sie, Herr Kuhl, wo ist eigentlich Herr Kölner? Ich würde wetten, dass der mal wieder ...“

Ein gewaltiger Hustenanfall unterbrach die Überlegungen des Hauptkommissars. Als Kuhl mit hochrotem Kopf wieder aufblickte, sah er den ernsthaft besorgten Blick des hüftwehgeplagten Beamten. „Damit würde ich aber dringend mal zum Arzt gehen, Herr Kuhl. Wissen Sie, ich hatte nämlich vor zwei Jahren auch mal ...“

„Chef, bitte ...“

„Ist ja gut, Reichard. Ich weiß, ich langweile Sie“, er unterbrach sich plötzlich. „Hab ich das nicht eben schon erwähnt? Na, mein Gedächtnis ist wohl auch nicht mehr das beste ...“

Kuhl grinste diabolisch. „Da sollten Sie vielleicht mal zu einem Neurologen ...“

„Beschweren Sie sich nicht bei mir, wenn es plötzlich zu spät ist. Herr Kuhl“, blaffte der Hauptkommissar zurück. Dann setzte er eine strenge Miene auf. „So. Schluss jetzt. Was ist nun mit diesem ... Kölner?

Kuhl war schon klar, dass man Karlo hier nicht raushalten konnte. Und da er selbst nicht die ganzen Fakten kannte, erzählte er von Karlos Anruf und dass er die Hütte sozusagen als Notunterkunft für Karlos alten Freund freigegeben hatte. Was war schon dabei?

Reichard hatte in der Zwischenzeit versucht, Karlo Kölner telefonisch zu erreichen, doch der dachte nicht daran, ans Telefon zu gehen. So sah sich der Kommissar gezwungen, ihm auf die Mailbox zu sprechen. Auch der aufgebrachte Kuhl fand nur den Anrufbeantworter vor. Die fünf Nachrichten, die er dort hinterließ, waren ungleich ungehaltener als Reichards Bitte um Rückruf. Sie ließen durch Tonfall und Wortwahl auf einen tiefrot gefärbten Kopf schließen, der schon leicht ins Bläuliche tendierte. So extrem gefärbt, dass er selbst einem Uli Hoeness zu seinen besten Zeiten nach einer blamablen 5:0-Niederlage des FC Bayern gegen die wackeren Kicker von Fechenheim 03 alle Ehre gemacht hätte.

Doch Karlo war gerade aufs Heftigste dabei, sich nach der unseligen Lotto-Debatte mit Jeannette zu versöhnen. Was ihm nach der Stärkung mit Pizza und dem guten Rotwein mit viel Hingabe aufs Trefflichste gelang.

Als Kuhl sich von Schönhals verabschieden wollte, stand der Beamte tief in Gedanken versunken an der Theke. Kuhl sprach ihn leise an. „Bevor wir gehen, Herr Schönhals: Einen Tipp hätte ich noch für Sie. Wegen Ihrer Schmerzen. Meine Frau hat gerade ein neues Hüftgelenk bekommen. Eine Klinik am Bodensee, die haben das richtig gut gemacht. Wenn Sie wollen, schicke ich Ihnen mal die Adresse."

Schönhals schrak aus seinen Gedanken auf. Zuerst dachte er, Kuhl wolle ihn wieder auf die Rolle nehmen. Doch dann

sah er die ernste Miene des Motorradfans. „Was? Hüfte?",
stotterte er geistesabwesend. „Wieso ... ach so. Verstehe.
Meine Hüfte. Ja, ja, machen Sie das, Herr Kuhl. Vielen
Dank auch, danke schön. Und wir melden uns bei Ihnen.
Wenn Ihnen noch etwas einfällt ..." Schönhals schaute Kuhl
noch einen Moment gedankenverloren an. „Ach, und Sie
wissen ja", kam es dann noch, „wenn Sie den Herrn Kölner
sehen, sagen Sie ihm bitte, er soll sich melden. Er weiß ja
sicher, wer dieser Mann ist."

Kurz hinter dem Gartentor blieb Kuhl stehen. Er hatte
direkt neben dem Weg etwas aus dem Augenwinkel wahrge-
nommen. Was war denn das? Er ging ächzend in die Hocke
und wollte schon nach dem Gegenstand greifen, da erfasste
der Lichtstrahl einer Taschenlampe den vor ihm auf dem
Boden liegenden Gegenstand.

„Haben Sie was gefunden?" Reichard war aus der Hütte
gekommen und beleuchtete den Grasstreifen neben dem
Feldweg.

Kuhl sah ein Spezialwerkzeug von etwa 35 Zentimeter
Länge. Er wusste sofort, was es war. Die Hauptaufgabe des
großen Schlüssels bestand darin, die Sternmuttern aus Leicht-
metall, die den Auspuffkrümmer bei den alten Zweiventil-
BMW-Maschinen mit dem Zylinderkopf verbinden, festzu-
ziehen. Oder zu lösen. Jemand hatte dieses praktische Werkzeug offensichtlich brutal zweckentfremdet, denn an seinem hufeisenförmigen Ende glänzte es rot.

Wie frisches Blut.

Donnerstag, 16. Juli
Frankfurt am Main

8

Kommissar Reichard war sehr müde. Es war eine schlimme, eine schlaflose Nacht gewesen. Ein Mühlrad hatte sich in seinem Kopf gedreht. Ein Mühlrad, das von einem gnadenlos rauschenden Strom trüber Gedanken unerbittlich angetrieben wurde.

Eigentlich sollte er sich auf seine Arbeit konzentrieren. Stattdessen kam ihm immer wieder Robertas leicht gerötetes Gesicht in den Sinn. Was war los mit ihr? Die Launenhaftigkeit seiner Frau war ihm fremd. Seit einigen Tagen war sie wie ausgewechselt. Begonnen hatte es mit einer für sie untypischen Nervosität. Dann fing sie an, unberechenbar zu werden. Zuweilen zeigte sie sich in einer melancholischen, zuweilen geradezu depressiven Verfassung. Auf seine besorgten Nachfragen reagierte sie unwirsch und kratzbürstig. Je mehr er versuchte zu erfahren, was denn mit ihr los sei, desto reservierter wurde sie. Harald Reichard machte sich ernsthafte Sorgen. War sie etwa krank und wollte nicht darüber reden? Er hatte einfach keinen Zugang mehr zu ihr.

Dabei tat er alles für seine Frau. Sogar den Umzug in die neue Wohnung in der Vilbeler Straße hatte er möglich gemacht. Zugegeben, seitdem war es etwas knapp mit den Finanzen geworden. Denn die schöne Wohnung in Bergen-Enkheim kostete nicht wenig, aber die weitläufige Aussicht auf Frankfurt und der großzügige Schnitt des neuen Domizils wogen das wieder auf. Allerdings mussten sich die Reichards nun so manches gewohnte Extra verkneifen.

Hatte Robertas Stimmung möglicherweise mit seiner stockenden Karriere zu tun? Natürlich war er enttäuscht gewesen, als sein damaliger Chef Georg Gehring den Dienst quittiert hatte, um eine eigene Privatdetektei zu gründen. Man hatte Reichard Hauptkommissar Schönhals vor die Nase gesetzt, statt ihn zu befördern und mit der Leitung der Abteilung zu betrauen.

Aber es hatte auch sein Gutes. So sah Reichard es wenigstens. Die Verantwortung für knifflige Entscheidungen lasteten dadurch nicht alleine auf seinen Schultern, und der Druck, wenn überhaupt, kam nur von seinem neuen Vorgesetzten und meistens nicht von weiter oben.

Er hatte sich trotzdem auf Anhieb gut mit Schönhals verstanden, auch wenn ihn die hypochondrische Art des Hauptkommissars schwer irritierte. Ständig hatte Schönhals neue, schwere, bisweilen schwerste eingebildete Krankheiten und breitete seine teilweise befremdlich anmutenden Leidensgeschichten ausführlich und nervenzerfetzenderweise gründlichst recherchiert vor Reichard aus. Mittlerweile konnte Reichard gut damit leben. Meistens jedenfalls. Er bezog sogar eine skurrile Art des Amüsements aus den ständig wechselnden Schreckensnachrichten über die angeblichen Malaisen seines Vorgesetzten. Wenn es ihm zu viel wurde, stoppte er den medizinischen Redefluss kurzerhand. Schönhals schien das nicht übelzunehmen.

Und als hätte er es geahnt: Genau damit fing sie plötzlich an. Allerdings war er selbst schuld, denn er hatte sie in seiner Hilflosigkeit danach gefragt.

„*Ich* hätte mir das nicht gefallen lassen", hatte Roberta ihm an den Kopf geschleudert. „Aber du, Harald, du hast keinerlei Ehrgeiz. Und was ist jetzt? Jetzt streicht dieser eingebildete Kranke die schöne Gehaltserhöhung ein, die eigentlich dir zugestanden hätte. Und die wir weiß Gott gut gebrauchen könnten. Gerade jetzt, wo ich meinen Job verloren habe."

Roberta Reichard hatte ihr halbvolles Glas so kraftvoll auf den Tisch geknallt, dass der Kommissar befürchtete, es würde zerbrechen. Hatte sie etwa zu viel getrunken? War es das? Oder – Reichard merkte, wie sich sein Magen zusammenkrampfte – steckte vielleicht ein anderer Mann dahinter? Auf diese Idee war er noch gar nicht gekommen. Eigentlich war er nicht eifersüchtig, aber ihr Verhalten fand er seltsam. Es begann in ihm zu arbeiten. Er hatte versucht die Eifersucht zu verdrängen, bekümmert die Stirn gerunzelt und das unangenehme Gefühl gehabt, etwas sagen zu müssen. Die richtigen Worte waren ihm leider nicht eingefallen.

„Ach, ums Geld geht es dir?", war es ihm deshalb viel zu aufgebracht herausgerutscht. „Ich dachte, du hättest mich um meinetwillen geheiratet und nicht wegen meines Gehalts."

„Ich geh jetzt ins Bett", war Robertas Antwort gewesen. „Auf solche Diskussionen lasse ich mich gar nicht erst ein."

Als Reichard am anderen Morgen aufgewacht war, lag er alleine im Bett. Normalerweise stand er als Erster auf. Beunruhigt hatte er sich erhoben und nachgesehen. Das Bad war leer, auch die Küche war verwaist. Nichts Gutes ahnend war er in die Garage gegangen. Robertas Mini-Cabrio fehlte.

Das war vor vier Tagen. Seitdem hatte er nichts mehr von seiner Frau gehört.

Das Telefon riss ihn aus seinen trübseligen Gedanken. Er nahm noch einen Schluck Kaffee, sein sechster Becher heute

Morgen. Das Koffein zeigte bereits Wirkung, und eine unangenehme Nervosität befiel ihn, ohne dass er wirklich wacher geworden wäre. Und ihm war schlecht.

„Reichard", bellte er in den Hörer.

„Hallo, Harald. Hier ist Georg Gehring. Hast du einen Moment Zeit für mich?"

Reichards Laune wurde etwas besser. Sein ehemaliger Chef. Mit Gehring verstand er sich sehr gut, nach wie vor. Vielleicht noch besser als zu gemeinsamen Zeiten bei der Polizei.

Gehring hatte schon tags zuvor versucht, Reichard anzurufen, ihn jedoch nicht erreicht.

„Georg", begrüßte Reichard seinen Ex-Kollegen erfreut. „Klar, für dich hab ich doch immer Zeit. Was gibt's denn?"

„Herr Kölner hat mich gestern angerufen."

„Oh je, der Herr Kölner."

„Genau: oh je. Aber ich habe das Gefühl, ich könnte euch eventuell bei euren Ermittlungen helfen."

„Ach. Dann lass mal hören."

„Diese Geschichte in Fechenheim gestern, in der Dietesheimer Straße. Möglich, dass der Mieter der besagten Wohnung zu einem Klienten von mir wird. Ich möchte mich aber vorher noch informieren. Was war da eigentlich los? Und wer bearbeitet das?"

„Die Dietesheimer Straße. Als ob ich's geahnt hätte. Ja, das ist bei uns auf dem Tisch. Was hat denn Herr Kölner damit zu tun?"

„Herr Kölner hatte Kontakt zum Mieter der Wohnung."

„Otto Biernat. Das ist aber kein unbeschriebenes Blatt, das weißt du schon? Der braucht eher einen Anwalt als einen Privatschnüffler. Hast du einen Schimmer, wo er steckt?"

„Nein, weiß ich nicht. Aber wenn er was von mir will, wird er sich melden müssen. Das ist doch eher ein Kleinkrimineller, oder? Kölner meinte, er wäre eher der Typ „arme Sau" als ein gefährlicher Ganove. Ist er denn wegen irgendetwas verdächtig?", fragte Gehring vorsichtig.

„Tja", erwiderte Reichard, „so wie eben jemand verdächtig ist, in dessen Wohnung eine Kiste mit verwesendem Material gefunden wurde."

„Verwesendes Material? Was heißt das?"

„Das heißt, dass wir es noch nicht wissen. Es war eine ziemliche Sauerei. Das Zeug war zwar in Plastik eingeschweißt, aber die Folie ist wohl teilweise beschädigt worden und da ... kannst dir's ja vorstellen. Biernat hat schon einige Zeit zwischen seinen Kisten gewohnt, nach seiner letzten Knastentlassung. Bis die Sache zum Himmel gestunken hat."

„Wie seid ihr drauf gekommen?"

„Einer genervten Nachbarin ist der Gestank zu viel geworden. Da hat sie angerufen."

„Und warum wisst ihr noch nichts?"

„Die Verwesung war schon ziemlich fortgeschritten. Die Kollegen haben das Zeug erst einmal mitgenommen, konnten aber natürlich noch nichts Genaues sagen. Ich denke, dass ich im Laufe des Tages mehr erfahre. Spätestens morgen wissen wir zumindest schon mal, um was es sich handelt."

„Was meinst du? Menschliche Teile?"

„Das müssen wir abwarten. Das kennst du doch sicher noch, Chef."

„Ich bin nicht mehr dein Chef."

„Ist doch egal, Chef." Reichards Stimmung kippte von

einem Moment auf den anderen. Seine Frau kam ihm wieder in den Sinn. „Ist doch eh alles egal."

Das klang bekümmert.

„Das klingt aber nicht gut, was ist los, Harald?" Gehring spürte förmlich, dass mit dem alten Kollegen etwas nicht in Ordnung war. „Stimmt was nicht mit dir?"

Einen Augenblick war es still in der Leitung. Dann traute Gehring seinen Ohren nicht. „Roberta ist weg."

„Bitte?", fragte er ungläubig nach. „Deine Frau? Was heißt das, weg?"

„Weg heißt weg. Ganz einfach. Wir haben gestritten. Na ja, eigentlich war es kein richtiger Streit. Eher so ein ..." Reichard brach ab, als sich die Tür öffnete und Hauptkommissar Schönhals über eine Stunde zu spät das Büro betrat. „Nein, das ist nichts für's Telefon", fügte er noch an. „Wollen wir uns heute Abend mal treffen? Dann können wir in Ruhe reden. Und bis dahin – na, du weißt schon."

Gehring verstand sofort. „Du kannst nicht mehr reden, oder? Du wolltest sagen: Bis dahin weißt du mehr über die Sache in Fechenheim."

„Genau. Wann und wo?"

„Ist neunzehn Uhr in Ordnung? In der Bluesmühle? Ich war schon länger nicht mehr dort, und mir würde mal wieder der Sinn nach einem Guinness stehen. Was meinst du?"

„Gute Idee."

„Okay. Tschüss, bis dann."

Reichard hatte wenig Zeit gehabt, Schönhals zu begrüßen. Denn kaum war der Hauptkommissar im Raum, fing er mit leidendem Gesicht an, einen medizinischen Grund für seinen verspäteten Arbeitsbeginn auszubreiten. Reichard wollte schon gegensteuern, da klingelte das Telefon erneut und rettete ihn.

Dieses Mal war Karlo Kölner dran. „Ich soll mich bei Ihnen melden?", fragte er vorsichtig. „Kann ich Ihnen helfen?"

„Helfen Sie sich lieber selbst, Herr Kölner. Was sind das schon wieder für Geschichten?"

„Welche Geschichten? Was meinen Sie? Was ist denn überhaupt mit Euch allen los? Wolfhard – Sie wissen schon, Herr Kuhl – hat mir auch schon einen Sack voll Nachrichten auf der Box hinterlassen. Er scheint sauer zu sein. Warum hat er aber nicht gesagt."

Reichard überlegte, wie er am besten beginnen sollte. „Nun, Herr Kölner", tastete er sich vor, „Sie haben laut Herrn Kuhl einen alten Freund in Ihrem gemeinsamen Clubheim untergebracht, ist das so weit richtig?"

Karlo war irritiert. Und ziemlich besorgt, als er den Hinweis auf seinen Zellengenossen aus dem Mund des Kommissars hörte. Was war mit ihm? Hatten sie ihn festgenommen?

„Ja, das stimmt wohl", gab er notgedrungen zu.

„Und wer ist dieser alte Freund? Hat der auch einen Namen?"

Aha, dachte Karlo. Wenn sie nicht wissen, wer es ist, haben sie ihn auch nicht festgenommen. Zumindest nicht wegen der Sache in seiner Wohnung. Andererseits musste etwas passiert sein, sonst würde er jetzt nicht mit der Polizei reden müssen. Es blieb ihm wohl nichts anderes übrig, als die Identität seines ehemaligen Zellengenossen preiszugeben.

„Sie meinen wohl Otto", stellte Karlo vage in den Raum.

„Immerhin heißt er schon mal Otto", hörte Karlo. Kommissar Reichard klang sarkastisch. „Hat Otto auch einen Nachnamen?"

Karlo dachte nach. Dass er Otto in Oberrad ein Versteck verschafft hatte, konnte er natürlich nicht zugeben. Dass er mit ihm zusammen eine Zeitlang in einer Zelle gesessen hatte, würde die Polizei auch so rausbekommen. Das war aber nichts Schlimmes. Ihre Strafe war außerdem schon lange abgesessen.

„Klar hat er einen Nachnamen. Biernat. Otto Biernat", ließ Karlo schließlich schweren Herzens verlauten. „Und *alter Freund* ist etwas zu viel gesagt." Noch einmal zögerte er, dann rückte er heraus mit der Sprache. „Okay, hören Sie zu, Herr Reichard. Sie hätten es ja sowieso rausbekommen. Otto und ich, wir haben mal zusammen in einer Zelle gesessen. Ist aber schon ewig her. Gestern stand er plötzlich in Fechenheim vor mir. Wir haben etwas gegessen und getrunken und über alte Zeiten geredet. Und da hat er mich gefragt, ob ich ihm eine günstige Bleibe besorgen könne. Nur für ein paar Tage. Er wäre gerade in Frankfurt und besäße nicht viel Geld, und da fiel mir eben unsere Clubhütte ein, weil ich ja selbst da auch schon – aber was rede ich, Sie kennen meine Geschichte."

„Natürlich kenne ich die. Und dann haben Sie einfach entschieden ..."

„Nein. Gar nicht einfach. Ich habe natürlich den Herrn Kuhl gefragt, ob er einverstanden ist. Der hat auch noch die anderen Kumpels vom Vorstand informiert. Erst dann hab ich Biernat in Oberrad abgesetzt. Kuhl war natürlich nicht begeistert, hat sich aber breitschlagen lassen. Was ist denn jetzt mit Otto?", bohrte Karlo nach. „Da ist doch etwas vorgefallen, oder?"

„Lassen Sie mich mit einer Gegenfrage antworten", unterbrach ihn der Kommissar. „Kann es sein, dass Sie schon wieder bis zum Hals im Dreck stecken?"

„Was soll das denn wieder heißen?"

So kam er nicht weiter. Reichard beschloss, seine Karten auf den Tisch zu legen. „Das heißt, dass wir Biernat suchen. Wegen einer ganz unappetitlichen Geschichte, das kann ich Ihnen flüstern."

„Von irgendwelchen Geschichten weiß ich nichts", mauerte Karlo. „Erst recht nicht von unappetitlichen. Was ist denn passiert? Jetzt reden Sie schon."

„Herr Kuhl ist gestern Abend noch einmal ins Clubheim gefahren. Er war zu recht misstrauisch, was Otto Biernat betrifft. Deshalb hatte er vor, sich selbst ein Bild von Ihrem Untermieter zu machen. Als er schließlich ankam und die Hütte betrat, hat er ihn gefunden."

Karlo lief es kalt über den Rücken. „Gefunden? Ist er ... jetzt reden Sie doch endlich. Was ist passiert?"

„Herr Biernat ist gestern am späten Abend niedergeschlagen worden. In Ihrem Clubheim, Herr Kölner. Seitdem liegt er im Koma."

„Verdammt!", war das Einzige, das Karlo im Moment einfiel. „Danke", stieß er dann noch hastig aus. Bevor Reichard ihn aufs Präsidium zitieren konnte, legte er auf.

Reichard starrte wütend auf den Hörer. Hastig erstattete er Schönhals Bericht über Karlos Aussage.

„Jetzt haben wir wenigstens einen Namen für unseren Unbekannten", freute sich der Hauptkommissar.

„Ein wirklich Unbekannter ist es ja nicht. Zumindest nicht für uns. Und wir suchen ihn seit gestern."

„Wir suchen ihn? Weshalb?"

„Na, die Geschichte in Fechenheim. Mit dem seltsamen Fund in der Wohnung. In dieser Wohnung hat Biernat gehaust, bis er sich dann in Oberrad verkrochen hat. Mit Hilfe von Kölner, wohlgemerkt. Ich kann nicht glauben, dass Kölner nichts gewusst hat."

„Wissen wir denn schon mehr über diesen, äh ... Fund?"

„Bis jetzt habe ich noch nichts gehört. Ich denke, spätestens morgen werden wir mehr wissen."

Die kurze Pause im Gespräch der Kommissare reichte, um Harald Reichards trübe Gedanken zurückkehren zu lassen. Jetzt hatte er schon vier Tage nichts mehr von seiner Frau gehört. Die Tatsache, dass er keine Erklärung für ihr Verhalten hatte, fraß ihn innerlich fast auf. Die Hilflosigkeit aber war das Schlimmste. Er hatte keine vernünftige Idee, was er tun sollte.

Es war Fakt für Reichard, dass Roberta aus eigenem Antrieb verschwunden war, es sich also nicht um eine Entführung handelte. Oder um Schlimmeres. Das hieß aber auch, ihm waren die Hände gebunden, was eine offizielle Vermisstensuche anging. Wäre ein Fremder mit dieser Geschichte zu ihm gekommen, er hätte ihm nichts anderes gesagt.

Trotzdem – er musste etwas tun. Es war ihm alles andere als gleichgültig, was mit seiner Ehe geschah. Dann fiel ihm das Treffen mit Gehring wieder ein, das heute Abend anstand.

Vielleicht gab es ja eine Chance, dass er seinen alten Chef überreden konnte, ausnahmsweise doch einmal in einer Ehesache zu ermitteln. Er wusste, dass Georg nicht die schmutzige Wäsche anderer Leute waschen wollte und solche Klienten normalerweise erst gar nicht anhörte. Allerdings hatte er ein gutes Argument: Er konnte Georg Informationen liefern, und vielleicht würde er deshalb für ihn eine Ausnahme machen. Oder schlicht der alten Zeiten wegen. Ja, er würde Georg direkt fragen.

Und er würde ihn auf jeden Fall dafür angemessen bezahlen.

Donnerstagabend, 16. Juli
Bluesmühle, Frankfurt-Fechenheim

9

Als Gehring den Gastraum der Bluesmühle betrat, saß Reichard schon am Tisch vor dem Kamin. Er war der einzige Gast, Harry Weber hatte das Lokal gerade geöffnet.

„Hallo, Harald. Schön, dich zu sehen."

Reichard stand auf und reichte dem Ex-Kommissar die Hand. „Bitte, setz dich." Er wies mit der Hand auf einen freien Stuhl. „Ich hab mir schon mal was zu essen bestellt. Bist nicht böse, dass ich nicht gewartet habe, oder? Ich habe den ganzen Tag keinen Bissen runtergekriegt, aber ich muss unbedingt was in den Bauch bekommen, sonst kippe ich um. Hier, möchtest du auch?" Er hielt Gehring die Speisekarte unter die Nase.

Gehring nahm zögernd die Karte und setzte sich. Eigentlich hatte er nicht vorgehabt, hier etwas zu essen. Gehring kannte Webers Kochkünste. Er hätte Reichard vorwarnen sollen. Vielleicht hatte er aber auch Glück und es war halb so schlimm.

„Was hast du dir bestellt?", fragte er mit harmlosem Gesicht.

„Ach, zuerst dachte ich an ein Steak mit Zwiebeln und Bratkartoffeln. Aber der Wirt hat mir was ganz Besonderes empfohlen. Steht nicht auf der Karte. Heute ganz frisch gemacht, sagt er."

Gehring bekam einen Schreck. „Doch nicht etwa sein berüchtigtes Irish Stew?", fragte er mit einem leichten Anflug von Panik im Gesicht. Der Privatdetektiv war selbst einmal in diese hinterhältige kulinarische Falle getreten, hatte es aber letztendlich nicht übers Herz gebracht, dem stolzen Koch die Wahrheit über seine beleidigten Geschmacksknospen zu verraten.

Gehring schnupperte verstohlen.

Seitdem die Raucher per Gesetz vor die Tür verbannt worden waren, um ihrem Laster zu frönen, war die Luft im Lokal etwas besser geworden. Wenn Harry Weber nicht gerade seine irische Spezialität produzierte. Doch es roch nach Entwarnung, das heißt: Nur der übliche Dunst aus verschüttetem Bier und scharfen Putzmitteln schwängerte den Raum. Kein ranziger Geruch nach altem fettem Hammelfleisch belästigte Gehrings empfindliche Nase.

„Aber nein, Georg, igitt", kam Reichards schnelle Antwort. „Niemals. Kein Irish Stew. Mit Lamm und Hammel kannst du mich scheuchen", stieß Reichard entsetzt aus. „Aber was meinst du mit berüchtigt?"

„Ach, nichts. Alles gut", gab Gehring zurück. „Nur einfach so, weißt du, ich mag Hammel nämlich auch nicht besonders." Was nicht unbedingt die volle Wahrheit war.

Gehring schnupperte erneut, und wie zum Hohn breitete sich plötzlich ein äußerst merkwürdiger Geruch in der Gaststätte aus.

„Was hast du denn bestellt?" Gehring konnte einen gewissen Argwohn nicht verbergen.

Reichard nahm einen kräftigen Schluck von seinem Guinness. „*Besondere* Kohlrouladen", strahlte er mit sichtlicher Vorfreude.

„Was heißt *besondere*?"

„Der Wirt meinte, ich solle mich überraschen lassen. Weißt du, das ist eines meiner absoluten Leibgerichte. Du müsstest mal die Kohlrouladen meiner Frau kosten, die sind der Wahnsinn und ..." Er brach ab und senkte den Kopf. Ganz plötzlich hing seine Seele wieder auf Halbmast. Er schaute betrübt auf und schenkte Georg Gehring einen traurigen Blick. „Bevor du fragst: Nein, ich habe noch nichts gehört von ihr."

„Das tut mir leid. Aber dann erzähl doch mal. Was glaubst du, was passiert ist?"

Reichard kam nicht zum Antworten. Harry Weber hatte sich unbemerkt dem Tisch genähert. „Ach, der Herr Hauptkommissar. Mal wieder im Lande?" Als er bemerkte, dass Gehring widersprechen wollte, fasste Weber ihn kumpelhaft an der Schulter. „Ja, schon gut, ich weiß doch: Ex-Hauptkommissar, schon klar. *Der Detektiv, der niemals schlief*, heißt es ja jetzt." Er grinste breit. „Ein Guinness für Sherlock?"

„Sherlock? Danke für die Blumen. Ja, sehr gerne."

Weber wurde eifrig. „Möchten Sie auch etwas essen? Ich hätte heute ganz besondere ..."

„Kohlrouladen. Ja, ich habe es schon gehört. Aber ich, äh – ich esse nie."

Weber schaute belustigt. „Sie essen nie?"

„Genau, nie", Gehring wirkte mit einem Mal verwirrt und gehetzt auf den dicken Wirt, „nie nach neunzehn Uhr, meine ich natürlich. Ist ein Tipp von meinem Arzt, weil ich so schlecht schlafe", log er noch und bekam deshalb postwendend einen roten Kopf.

„Na, ganz wie Sie meinen, Herr Kommissar. Dann mache ich Ihnen jetzt mal Ihr Bier."

Weber war kaum hinter der Theke verschwunden, da wurde die Tür geöffnet und Karlo Kölner betrat die Kneipe. Als er Reichard sah, blieb er verblüfft stehen. Dann entschied er sich und ging auf den Tisch zu.

„Hallo, Herr Reichard", grüßte er übertrieben munter. „So schnell sieht man sich plötzlich, nicht wahr?" Und zu Gehring gewandt: „Ich habe Sie vorhin von weitem gesehen. Und da dachte ich mir, dass Sie hier sind und wollte mal guten Tag sagen."

„Setzen Sie sich doch, Herr Kölner." Gehring versuchte, sich nichts anmerken zu lassen. Gerne hätte er mit Reichard alleine gesprochen, auch der Kommissar schien nicht gerade begeistert. Andererseits sollte man sich vielleicht gegenseitig auf den neuesten Stand der Dinge bringen. Was Gehring zu diesem Zeitpunkt noch nicht wusste, war die Sache, die mit Otto Biernat im Clubhaus in Oberrad passiert war.

Karlo war schnell klar: Wollte er im Spiel bleiben, musste er seine Karten auf den Tisch legen. Sein Schweigen würde Otto nichts mehr helfen, ganz im Gegenteil. Er hoffte, dass Reichard nicht versuchte, ihm einen Strick daraus zu drehen, dass er Otto vor der Polizei versteckt hatte.

„Ja, ich weiß, es war nicht ganz richtig", verteidigte er sich, nachdem er die ganze Geschichte gebeichtet hatte. „Ich glaube nicht, dass Otto irgendjemand etwas getan hat. Ich wollte eben Fakten sammeln, die ihm helfen." Karlo rieb nervös die Hände. „Weiß man denn inzwischen mehr?"

„Sie wissen genau, dass ich darüber nicht reden darf. Worüber hingegen zu reden sein wird, ist die Tatsache, dass Sie Biernat vor der Polizei versteckt haben."

Der merkwürdige Geruch, der sich immer stärker im Gastraum ausbreitete, lähmte Gehrings Interesse am Gespräch. Das Aroma erinnerte ihn an die Ausdünstungen eines alten Ziegenbocks, den man mit flüssig gewordenem Limburger Käse eingerieben hatte.

Plötzlich hörte er das Quietschen und Klappern der Pendeltür zur Küche, kurz darauf näherte sich das Ungemach, und Harry Weber stand strahlend mit einem großen vollbeladenen Teller in der Hand vor dem Tisch.

„So, bitte schön, der Herr." Er stellte den Teller vor Kommissar Reichard ab und rückte das Besteck, das er zuvor schon gebracht hatte, noch einmal sorgfältig zurecht. „Guten Appetit, und lassen Sie es sich schmecken."

Reichard schaute fassungslos auf die zwei undefinierbaren graugrünen Klumpen, die in einer wässrig-schleimigen hellbraunen Soße schwammen. Die fahlgelben verkochten Knollen daneben schienen eine Art Salzkartoffeln darzustellen. Immerhin wirkte die gehackte Petersilie, die darüber gestreut war, einigermaßen frisch.

Reichard schluckte, seine Gesichtsfarbe erreichte in Rekordzeit den Farbton der zwei Klumpen vor ihm auf dem Teller. Die Speiseröhre verengte sich und seine Atmung wurde flacher. „Ja, vielen Dank", presste er hervor, „das werde ich versuchen."

Karlo ahnte zwar, dass Schadenfreude hier nicht angebracht war, konnte aber nicht aus seiner Haut. „Na, das sieht aber gut aus. Und wie das duftet."

Weber schenkte Karlo einen zufriedenen Blick. Als keine weitere positive Rückmeldung kam, drehte er mit leicht säuerlichem Gesicht ab. Gehring war zwar entsetzt, aber auch neugierig. „Ach, Herr Weber", rief er ihm nach, „was ist denn jetzt das Besondere an diesen – äh – Kohlrouladen?"

Erfreut über das Interesse, kam Weber wieder näher an den Tisch. „Das ist eine Kreation von mir", schwärmte er enthusiastisch. „Die Füllung besteht aus einer Mischung von Hammel- und Ziegenhackfleisch, jede Menge frischem Knoblauch sowie einer Extraportion elsässischem Munster-Käse. Schön scharf angebraten und mit Ziegenmilch abgelöscht. Gibt ein Super-Sößchen. Hach, ich könnte mich geradezu reinlegen."

Reichards Gesicht wurde noch grauer.

Hammel!

Ziege!

Reinlegen, ja, das wäre ihm noch lieber als aufessen. Was sollte er nur tun? Er wollte den stolzen Koch nicht vor den Kopf stoßen. Weber indes schien Reichards Gesichtsfarbe nicht zu bemerken. „Noch jemand ein frisches Bier?", fragte er fröhlich. „Oder eher einen Klasse-Rotwein? Zum guten Essen vielleicht? Ich hätte da einen hervorragenden türkischen ..."

„Nein, nein", entgegnete Gehring schnell. „Guinness ist schon in Ordnung. Und bringen Sie uns auch noch eine Runde Fernet Branca", orderte er dann gedankenschnell und erntete einen dankbaren Blick von seinem alten Kollegen. Karlo musste sich trotz allem das Kichern verkneifen.

Als die Getränke kamen, hatte Reichard immerhin schon ein Drittel der ersten Roulade verzehrt.

„Sie haben ja noch gar nichts gegessen." Weber schien enttäuscht zu sein. „Schmeckt es Ihnen nicht?"

Reichard spülte mit einem großen Schluck Guinness nach. „Doch, doch", beeilte er sich Weber zu loben. „Aber man muss es richtig genießen. So ein gutes Essen schlingt man doch nicht einfach so runter."

Weber schien zufrieden und wanderte ab. Er ging hinter die Theke und zapfte sich selbst ein Bier an, dann verschwand er in der Küche.

Reichard war verzweifelt. „Ich kann das nicht essen. Das ist ja der blanke Horror. Lachen Sie nicht, Kölner. Helfen Sie mir lieber. Vielleicht möchten Sie mal probieren?"

„Jetzt wissen Sie, was es bedeutet, wenn jemand sagt, er wäre in Teufels Küche geraten." Kölner schaute Reichard belustigt an. „Tauschgeschäft?"

Der Polizist schaute düster. „Was heißt das?"

„Ich erfahre, was Sie in Herrn Biernats Wohnung gefunden haben, und befreie Sie dafür von diesem ... Essen."

Reichard brauchte nicht lange. Auch Gehring nickte ihm mit dem Anflug eines belustigten Grinsens zu.

„Gut. Einverstanden. Aber machen Sie schnell, bevor dieser – dieser Teufelskoch wieder aus seiner Küche kommt."

Karlo griff in seine Jackentasche und zauberte eine Plastiktüte hervor. Dann griff er sich die Gabel und begann, die Rouladen nebst Sättigungsbeilage hineinzupacken. Die letzten Kartoffeln zerdrückte er, um die Soße aufzusaugen.

„Sonst bringt er Ihnen noch einen Löffel, um den Soßenrest aufzuessen", versuchte er, seine Sorgfalt zu begründen.

Karlo verschwand gerade noch rechtzeitig auf der Toilette, bevor der Wirt wieder aus der Küche hinter die Theke zurückkehrte. Schnell kippte er den Inhalt der Tüte in die Kloschüssel und betätigte die Spülung. Die Tüte selbst faltete er zusammen und stopfte sie in den Abfalleimer. Ganz nach unten. Dann schnupperte er an seinen Fingerkuppen.

Er verzog das Gesicht, ging zum Waschbecken und wusch sich die Hände sorgfältig.

Als er wieder in den Gastraum trat, hörte er gerade noch: „... ganz toll geschmeckt. Und diese Soße. Ein großes Kompliment ...".

Harry Weber platzte fast vor Stolz.

„Also waren es keine menschlichen Leichenteile." Karlo war erleichtert. „Ich hätte mir das auch nicht vorstellen können. Otto ist wirklich nur ein armes Würstchen, glauben Sie mir." Noch einmal atmete er auf. Damit war er selbst auch aus dem Schneider.

„Aber was war es denn genau?" Auch Georg Gehring wollte nun alles wissen.

„Sie haben noch nicht alles durch, aber es waren Teile vom Wildschwein dabei und von anderem Wild auch. Eingeschweißt. Einige Folien waren beschädigt, deshalb hat es so gestunken, dass sogar die Nachbarin aufmerksam geworden ist. Aber auch die unbeschädigten Sachen waren schon teilweise angegammelt und abgelaufen." Ein kurzer Würgereiz befiel Kommissar Reichard, als er ergänzte: „Ach ja, Schafsfleisch war, glaube ich, auch dabei."

Karlo schüttelte sich. Schafsfleisch. Der Hammelgeruch hing noch immer im Raum. „Das können wir dann jedenfalls abhaken, nicht wahr? Otto Biernat ist Opfer, nicht Täter. Aber wer hat das getan? Wer hat ihn niedergeschlagen und warum? Ausgerechnet bei uns im Clubheim. Ich verstehe das nicht."

„Möglicherweise hatte Biernat noch etwas anderes am Laufen? Vielleicht ist er aber auch nur jemandem auf die Füße getreten. Wer weiß das schon?"

Karlo schaute sorgenvoll. „Wie geht es ihm eigentlich? Konnte er denn schon was aussagen?"

Reichard bedauerte. „Es sieht nicht gut aus. Ihr Freund liegt immer noch im Koma. Der Arzt wollte keine Prognose abgeben."

„Und wo liegt er?"

„Im Sana-Klinikum Offenbach."

„Ich schau mich mal am Clubheim um", bot Karlo an. „Vielleicht fällt mir ja noch was auf. Obwohl ich ehrlich gesagt nicht weiß, ob das noch was bringen wird."

„Lassen Sie bitte Ihre Finger von der Polizeiarbeit", warnte Reichard mit ernstem Gesicht. Dann gab er seine Förmlichkeit auf. „Abgesehen davon, Herr Kölner: Danke. Sie haben mich vorhin gerettet. Sie und mein Freund Fernet Branca. Aber, Herr Kölner, ich hätte noch ein anderes Anliegen. Könnten Sie uns jetzt bitte alleine lassen? Ich habe mit Georg noch etwas sehr Privates zu besprechen."

„Klar. Kein Problem. Ich wollte sowieso nicht lange bleiben." Karlo kicherte. „Am Ende spendiert mir Weber noch eine Portion seiner Teufelsrouladen. Weil ich so ein netter Kerl bin." Karlo stand immer noch kichernd auf und griff in die Hosentasche nach seinem Geld.

„Nein, schon gut. Sie sind eingeladen."

„Oh. Danke schön, Herr Reichard."

An der Tür hörte Karlo noch Gehrings Stimme. „Sie können mich morgen mal anrufen, ja?"

„Alles klar, mach ich."

Dann waren die alten Kollegen unter sich.

Als Karlo über den Hof ging, wurde er von Harry Weber überholt. Weber trug einen großen Müllsack in den Händen. Vor dem Müllcontainer blieb er stehen. „Halt mir bitte mal den Deckel auf, Karlo."

Karlo kam näher und drückte den Deckel des Containers zurück. „Bitte schön."

Weber stopfte den Sack in den Behälter. „Danke, Karlo. Und schönen Abend noch."

„Gleichfalls." Karlo wollte schon gehen, da sprang ihm der Schalk in den Nacken. „Schade, dass ich keinen Hunger habe. Hätte sonst gern mal von deinen guten Rouladen probiert. Der Kommissar war ganz begeistert." Er verkniff sich mit Mühe das Lachen.

„Ja, nicht wahr? Kam mir auch so vor", bestätigte der dicke Wirt eifrig.

„Wo kriegst du denn das tolle Fleisch her? Gutes Lammfleisch bekommt man nicht an jeder Ecke."

Weber schaute sich im Hof um. Dann setzte er eine verschwörerische Miene auf. „Da hab ich eine besondere Quelle. Lammfleisch aus der Rhön, feinste Qualität."

„Besondere Quelle? Was heißt das?" Karlo wurde misstrauisch.

„Besonders heißt eben besonders." Weber wurde plötzlich einsilbig.

„Besonders heißt in diesem Fall billig."

„Was willst du eigentlich? Preiswert, nicht billig. Du hast ja selbst gesehen, wie gut es dem Herrn Kommissar geschmeckt hat."

„Also nicht aus dem Großmarkt?"

„Ich hab da einen privaten Lieferanten." Er schaute sich wieder im Hof um und wurde leiser. „Na ja, nicht immer auf Rechnung. Nicht immer so offiziell. Mehr kann ich dir aber nicht sagen." Weber runzelte argwöhnisch die Stirn.

„Warum willst du das eigentlich so genau wissen? Bist du neuerdings bei der Gewerbeaufsicht?"

„Quatsch." Karlo winkte ab. „Ich hab nur gedacht, vielleicht könnte mir deine Quelle auch mal was verkaufen." Er spitzte die Lippen. „Wenn es günstig ist ..."

Weber entspannte sich. „Ich kann ja mal fragen, bei der nächsten Lieferung. Du darfst aber nichts rumerzählen, du weißt ja, wie scharf die vom Amt neuerdings sind."

„Klar. Rufst du mich an?"

„Mach ich." Karlo gab Harry Weber die Hand. „Bis dann."

Weber drehte ab und ging Richtung Kneipe.

„Ach, Harry."

Weber blieb stehen und schaute über die Schulter.

„Lass aber bitte meinen Namen aus dem Spiel."

„Kein Problem."

Gehring spürte durchaus, dass Reichard ziemlich durch den Wind war. „Du hast also keine Ahnung, wo deine Frau sein könnte?", fragte er noch einmal.

„Nicht die geringste. Nein. Nichts, kein Hinweis, kein Brief, kein Anruf."

„Fehlt denn sonst etwas, Kleider, Schminksachen oder – was ist mit ihrem Auto?"

„Ja, klar, ihr Auto ist weg. Nach den Kleidern habe ich natürlich zuerst gesehen. Ich bin mir aber nicht ganz sicher, sie hat so wahnsinnig viele Klamotten. Und was das Schminkzeug anbetrifft ..." Reichard zuckte unbeholfen mit den Schultern und legte eine nachdenkliche Pause ein. „Aber wenn du so fragst", fuhr er mit gerunzelter Stirn fort, „unsere große Reisetasche habe ich auch nicht finden können. Und was ganz komisch ist: Als ich in ihrem Schuhregal geschaut habe, habe ich bemerkt, dass ihre Wanderschuhe weg sind."

„Wanderschuhe?"

„Ja, ausgerechnet. Keine Ahnung, was das zu bedeuten hat."

„Und bei ihr auf der Arbeit? Was ist damit? Hast du dort schon einmal nachgefragt?"

„Ihre Firma hat vor kurzem Pleite gemacht. Sie hat zwar was Neues in Aussicht, aber seitdem hat sie erst einmal keinen Job."

„Das ist ja blöd."

„Kannst du laut sagen."

Die nächste Frage war Gehring ziemlich unangenehm. „Versteh mich jetzt nicht falsch, Harald, aber was meinst du? Kann es vielleicht sein, dass sie jemanden – kennengelernt hat?"

„Ein anderer Mann, denkst du? Das hab ich mich natürlich auch schon gefragt. Ich weiß nicht – mir ist jedenfalls nie etwas aufgefallen. Natürlich merkt man das als Betroffener immer zuletzt." Er grinste schräg. „Ist doch so, oder?"

„Möglich." Gehring rieb sich das Kinn. „Wir können also davon ausgehen, dass sie freiwillig gegangen ist."

„Das ist das Gute an der Sache. Ein Entführer hätte bestimmt keinen Spaß an meinem Kontostand. Viel gibt es da nicht zu holen."

„Es sei denn, es wäre jemand, der sich an dir rächen möchte. Dafür, dass du ihn in den Knast gebracht hast. Denk mal drüber nach. Ich glaube das zwar nicht, aber du solltest auf jeden Fall prüfen, wer in den letzten Wochen entlassen worden ist."

„So weit habe ich noch gar nicht gedacht. Gute Idee,

obwohl ich das auch nicht für wahrscheinlich halte. Sonst hätte sich bestimmt jemand bemerkbar gemacht. Wenn sich einer rächen möchte, dann will er doch, dass ich das mitbekomme, was meinst du?"

„Stimmt schon. Aber vielleicht hatte sie ja einen Unfall. Hast du schon ..."

„Was denkst du denn? Die Krankenhäuser habe ich schon zweimal gecheckt."

„Was ist mit ihrem Handy?"

„Nichts zu machen. Ausgeschaltet."

„Familie? Eltern?"

„Eltern leben beide nicht mehr. Sonst gibt es keine näheren Verwandten, zu denen sie wirklich Kontakt hat."

„Und Freunde?"

„Alle, die ich kenne, habe ich schon angerufen."

„Na ja, sie weiß, dass du bei der Polizei bist. Und wenn sie nicht gefunden werden will ... was willst du jetzt machen?"

„Ich habe keine Idee." Reichard wirkte deprimiert. Er schaute seinen Ex-Chef fragend an. „Außer ... na ja, es ist eben keine offizielle Vermisstensache. Und deshalb fehlt mir die Möglichkeit, unsere Firma drauf anzusetzen. Aber du ermittelst ja privat." Reichard bemerkte Gehrings zweifelnden Blick. „Ja, ich weiß. Keine Ehesachen. Ich habe gedacht, vielleicht machst du bei mir eine Ausnahme. Ich bezahle dich auch. Ganz normal."

Reichard legte Gehring die Hand auf den Arm. „Außerdem möchte ich meine Frau nicht selbst suchen. Wenn sie bemerkt, dass ich ihr hinterherspioniere, reagiert sie vielleicht noch abweisender."

Gehring trank sein Glas aus. „Gut, Harald. Ich denke

darüber nach, wie ich dir helfen kann. Ich will dir aber nichts versprechen."

„Danke, Georg. Mir würde es schon reichen, wenn ich die Möglichkeit bekomme, mal mit ihr zu reden. Ich muss verstehen, was los ist. Solange ich nicht weiß, was Sache ist, komme ich nicht zur Ruhe, verstehst du?"

„Schon klar. Mir würde es nicht anders gehen."

Langsam begann sich die Kneipe zu füllen. Reichard streckte sich kurz. „Dann wechseln wir für heute das Thema. Muss ja nicht halb Fechenheim mithören. Noch ein Guinness?"

„Warum nicht?"

„Und einen Jameson?"

„Auch das. Wenn es sein muss."

„Es muss sein."

„Na, dann."

Gegen Mitternacht bestellten die beiden ein Taxi.

Freitag, 17. Juli
Frankfurt am Main

10

Nach dem Frühstück hatte Karlo bei Georg Gehring angerufen und sich mit ihm verabredet.

Am frühen Nachmittag saß er am Küchentisch des Privatdetektivs in der Birsteiner Straße und schlürfte genüsslich eine Tasse *Wiener Mischung* der Frankfurter Rösterei Wacker. Bei Gehring gab es immer hervorragenden Kaffee. Er stellte die Tasse wieder ab, sah Gehring prüfend an und grinste.

„Ist wohl etwas später geworden, was?"

Gehring winkte ab. „Geschenkt. War schon schlimmer. Aber ich konnte Harald gestern Abend nicht alleine lassen." Er schenkte sich Kaffee nach. „Was machen wir denn jetzt mit der Sache Biernat? Die können wir vergessen, sehe ich das richtig?"

„Sehe ich auch so. Otto liegt im Koma, und außerdem haben sich seine Probleme buchstäblich in Luft aufgelöst. In schlechte Luft sozusagen", brummte Karlo. „Denn abgesehen von der Tatsache, dass er die Luft im Haus verpestet hat, kann man ihm ja nichts vorwerfen." Karlo nahm noch einen Schluck Kaffee. „Ich würde aber schon gerne wissen, was passiert ist. Wer ihn niedergeschlagen hat und vor allem warum."

„Deshalb wäre es hilfreich, wenn er bald aufwachen

würde. Dann könnte er uns möglicherweise einiges erzählen."

„Ich fahre später ins Krankenhaus. Vielleicht gibt es was Neues."

„Ja. Das könnten Sie tun. Geben Sie mir Bescheid, wenn sich sein Zustand ändert. Aber wir verschwenden keine Zeit an diese Sache. Darum soll sich die Polizei kümmern. Ich hätte da nämlich noch etwas anderes. Vielleicht könnten Sie mir dabei zur Hand gehen."

„Ein Auftrag?" Karlo wurde hellhörig. „Wäre schön, wenn bei mir mal wieder ein paar Euro reinkommen würden."

„Nun, ein richtiger Auftrag ist das noch nicht. Wir müssen erst einmal sehen, wie sich diese Sache entwickelt."

Trotzdem war Karlos Neugier geweckt. „Um was geht es denn?"

Gehring schaute gequält. „Sie müssen mir aber versprechen, sehr diskret mit dem umzugehen, was ich Ihnen dazu sagen werde."

„Diskretion ist mein zweiter Name."

Gehring verdrehte die Augen. „Ich meine das wirklich ernst, Herr Kölner."

Karlo riet ins Blaue. „Es geht um Herrn Reichard, nicht wahr?"

„Volltreffer", gab Gehring zu.

„Hat er Schwierigkeiten? Vielleicht bei der Arbeit?"

„Nein, das ist es nicht. Möglicherweise wäre ihm das lieber. Also, hören Sie erst einmal zu ..."

Einige Minuten später war Karlo auf dem aktuellen Stand, was die Vermisstensache Roberta Reichard betraf.

„Schwierig. Ich sehe noch keinen Ansatzpunkt", befand

Karlo. „Hat Reichard denn selbst ein Gefühl, was da laufen könnte?"

„Ich glaube nicht. Er scheint mir ziemlich ratlos zu sein. Und momentan muss ich zugeben: Ich habe auch keine vernünftige Idee, wo man ansetzen könnte."

„Wie lange ist sie denn jetzt schon weg?"

„Ungefähr eine Woche."

Karlo pfiff durch die Zähne. „Das ist lange. Hört sich ernst an." Er grübelte einen Moment. Dann blitzten seine Augen. „Geld. Sie braucht doch sicherlich Geld", vermutete er. „Wenn ein anderer Kerl dahintersteckt, könnte er ihr aushelfen. Das wäre dann Pech für uns. Wenn sie aber irgendwo untergekrochen ist, egal ob Wohnung oder Hotel, ist das nicht umsonst. Und essen muss sie auch. Woher nimmt sie dann die Kohle?"

„Sie hat bestimmt eine Bankkarte?"

„Sehr wahrscheinlich. Und wenn die Reichards ein gemeinsames Konto haben, dann sehen wir auf Reichards Bankauszügen, ob sie etwas abgehoben hat."

Gehring nickte bedächtig. „Und vor allen Dingen, wo. Sehr gut, Herr Kölner. Den Geldautomaten, an dem sie das getan hat, kennen wir dann auch."

„So ist es." Karlo strahlte. „Dann sollten Sie Ihren alten Kollegen mal anrufen und ihn bitten, auf seine Auszüge zu schauen. Wenn seine Frau Geld abgehoben hat, haben wir wenigstens ein Lebenszeichen. Und wir wissen, wo sie gewesen ist. Dann haben wir einen Punkt, an dem wir ansetzen können."

„Gut, das mache ich noch heute. Wenn ich mehr weiß, dann rufe ich Sie an."

„Und ich fahre jetzt nach Offenbach rüber in die Klinik

und schau mal, ob es meinem alten Zellengenossen besser geht."

Karlo fand eine kleine Parklücke für seine MZ direkt gegenüber des Klinikums. Am Empfang erfuhr er, dass Otto immer noch auf der Intensivstation lag. Über seinen Zustand konnte die Dame allerdings nichts sagen. Also ging Karlo zu den Aufzügen. Man würde sehen.

Als sich die Tür öffnete, kamen ihm Schönhals und Reichard aus der Fahrstuhlkabine entgegen. Sie schauten ernst. Als sie Karlo erblickten, wurden ihre Mienen noch ernster. Er merkte sofort, dass nicht alles im Lot war.

„Hallo, Herr Kölner. So ein Zufall. Sie wollen Herrn Biernat besuchen?"

Karlo wagte nicht zu antworten. Er schaute die Kommissare nur stumm an. Schönhals schüttelte zuerst den Kopf. Er trat auf ihn zu und fasste ihn beim Arm. „Kommen Sie. Lassen Sie uns für einen Augenblick in die Cafeteria gehen. Wir müssen uns kurz unterhalten."

Sie nahmen an einem freien Tisch in der Mitte des Raums Platz. Karlo pochte das Herz. „Ist er ..."

Reichard fuhr sich mit der Hand übers Gesicht. „Das Krankenhaus hat uns angerufen, Herr Biernat sei aufgewacht. Wir sind natürlich sofort hergefahren. Biernat war noch sehr schwach. Aber er fing an mit uns zu reden. Leider nur sehr kurz. Bevor wir fragen konnten, wer ihn niedergeschlagen hat, war er weg."

„Er ist also – tot?"

„Nein, er lebt. Aber er ist nicht bei Bewusstsein. Und es sieht nicht gut aus."

„Hat er denn gar nichts Verwertbares gesagt?"

„Er sagte irgendwas von Flaschen", erklärte Schönhals.

„Nein, von *einer* Flasche", korrigierte Reichard. „Und von einem Schein, und dass es ihm leid tut. Und von viel Geld, und immer wieder stammelte er etwas von diesem ominösen Schein."

„Und? Warum schauen Sie mich so komisch an?" Karlo war ein einziges Fragezeichen.

„Tja. Dann hat er Ihren Namen geflüstert." Schönhals fixierte Karlo abschätzend. „Was ist das für ein Schein? *Viel Geld* hat er gesagt, vielleicht ein Schuldschein? Was wissen Sie darüber?"

Der Schein! Karlo wurde blitzartig klar, um welchen Schein es sich hier handeln musste.

Der Lottoschein!

Hatte Otto ihm den Schein aus der Tasche gemopst?

Er erinnerte sich an Ottos Fahrigkeit am Ende des gemeinsamen Mittagessens in der Kastanie. Hier lag also der Hund begraben. Aber was hieß das: *viel Geld*? Das musste doch etwas zu bedeuten haben. Da wacht jemand aus dem Koma auf, und als Erstes fällt ihm ein Lottoschein ein? Der Schein hatte doch nicht gewonnen, das hatte Jeannette überprüft. Was also brachte Otto dazu – doch halt! Das zweite Kästchen fiel ihm wieder ein. Das Kästchen mit Ottos Zahlenreihe, die er zusätzlich noch angekreuzt hatte. Wenn diese Zahlen nun tatsächlich ... nein, das war zu unwahrscheinlich. Er verwarf den Gedanken.

Um ihn augenblicklich wieder im Kopf zu haben.

Mit viel Mühe setzte er sein harmlosestes Gesicht auf. „Schuldschein?", fragte er und schüttelte den Kopf. „Nein, nicht dass ich wüsste. Er hat nie etwas von einem Schuldschein gesagt. Und was war das mit der Flasche?"

Kommissar Reichards Antwort kam leicht genervt. „Wir hatten gehofft, dass *Sie* uns etwas sagen können."

„Nein, tut mit leid. Ich habe nicht die Spur einer Ahnung. War denn sonst noch etwas?"

„Nein, nichts." Schönhals brauste plötzlich auf. „Was ist das für ein Saftladen? Kommt hier eigentlich keiner, um eine Bestellung aufzunehmen?"

Karlo deutete lässig auf ein Schild, das über der Kuchentheke hing. *Selbstbedienung.*

„Dann eben nicht", grollte Schönhals. „Kaffee ist sowieso ungesund." Und an Karlo gewandt fuhr er fort: „Wussten Sie eigentlich, dass man von zu viel Kaffee schwere ..."

„Ich muss dringend weg, Herr Hauptkommissar. Wenn noch etwas sein sollte, rufen Sie mich einfach an, ja?"

Beim letzten Wort war Karlo schon auf dem Weg zum Ausgang.

An seinem Motorrad angekommen, schaute er auf die Uhr. Kurz nach sieben. Heute Abend war Freitagsstammtisch im Club. Also würde er kurz vorbeischauen, vielleicht hatte sich Kuhl ja wieder beruhigt.

Als er das Gespann vor dem Gartentor abstellte, bemerkte er schon das Gedränge auf der Wiese vor der Hütte. Zuerst sah er Peer Reinders, der etwas abseits vor seiner alten BMW kniete und am Auspuff herumfummelte. Neugierig ging er auf den kleinen Menschenauflauf zu. Kuhl erkannte er zuerst, auch Polizist und Hundeführer Karl Einser war da, Kristin Kuhl ließ sich trotz schmerzender Hüfte wieder einmal sehen, mit Sohn Gerri an ihrer Seite. Dann waren da noch Gespannfahrer Jochen Schwarz und seine Gattin Frauke ebenso wie Reinfeld, Tippmann,

Hunstein und Tom Gansrich. Und mittendrin befand sich Rolf Scheerer und fuchtelte mit den Armen.

Der Himmel war leicht bewölkt, und als Karlo auf die Menschentraube zuging, kamen gerade die letzten Strahlen der Abendsonne hervor. Sie zauberten ein effektvolles Licht auf das Fahrzeug, das inmitten der Ansammlung prunkte. Als Karlo das Gefährt richtig sehen konnte, blieb ihm die Spucke weg.

Ein Gespann.

Eine BMW S1000RR mit Ruko Shark 1-Seitenwagen.

Mit großen Augen trat er näher. „Wow", entfuhr es ihm. „Wo kommt denn dieser Hammer her?"

Schwarz meldete sich als Erster. „Der Rolf hat sich verbessert. Nichts mehr mit den Lobliedern auf seine alte Elfhunderter mit Heeler-Seitenwagen."

Sofort widersprach Scheerer vehement. „So ein Quatsch. Die Elfhunderter hab ich auch noch. Mein bestes Stück. Und die geb ich auch nicht her."

Karlo konnte es nicht fassen. „Mann, Rolf. Hast du im Lotto gewonnen? Oder wie hast du das Teil bezahlt?"

Scheerer grinste spitzbübisch. „Man gönnt sich ja sonst nichts."

„Und hier, guck mal, Karlo", schwärmte Frauke Schwarz. „Einen neuen Helm hat er auch. Vollkarbon-Schale. Und eine neue Kombi."

„Vergiss sein neues Auto nicht", hörte man Tippmann von der Seite. „Er hat sich einen nagelneuen Audi bestellt."

Karlo staunte nicht schlecht und überschlug kurz einige Zahlen. Er war nicht der absolute Fachmann, aber wenn er nicht völlig danebenlag, standen da alleine mit dem Gespann zwischen vierzig- und fünfzigtausend Euro vor dem Clubheim. Respekt. Und dann noch ein neues Auto? Sofort bohrte sich eine Frage in Karlos Bauch – kein Neid, nein. Karlo war gewiss kein Neidhammel. Aber er hätte doch zu gerne gewusst, woher Scheerer das Geld für diese Sachen hatte.

„Oder hast du eine Bank überfallen?", versuchte er es weiter. „Ach nein, das hätte man in der Zeitung gelesen."

„Du kannst lesen?", kam Rolfs schlagfertige Antwort. „Ich geb mein Geld eben nicht für Frauen aus wie du. Da kann man sich ab und zu mal ein neues Gespann leisten." Er schickte einen mitleidigen Blick zum Gartentor, vor dem Karlos klapprige MZ stand. In die Runde gewandt setzte er dann hinzu: „So, Leute. Ich geb einen aus. Sozusagen als Einstand für das neue Gefährt. Nehmt euch selbst aus dem Kühlschrank und schreibt es auf die große Tafel. Ich bezahle dann später, wenn ich gehe."

Großes Hallo erhob sich, und nur wenige Minuten später stieß die fröhliche Runde auf das neue Fahrzeug an.

„Dann mal Prost, Leute", rief Scheerer gut gelaunt und hob seine Bierflasche. „Ihr wisst ja: Ein Leben ohne Gespann ist möglich – aber sinnlos."

Allgemeines Gelächter.

Nur Karlo grübelte.

Er kannte Rolf nicht so gut wie zum Beispiel Kuhl oder Einser. Für die beiden und auch für Gerri hätte er die Hand ins Feuer gelegt. Jederzeit. Scheerer, schätzte er, war seit zwei Jahren Mitglied. Ein guter Typ, ruhig, herzlich, mit einem eigenen Humor.

Trotzdem.

So viel Geld!

Rolf war ihm nicht als reicher Mann bekannt. Warum

nur fiel ihm gerade jetzt der verschwundene Lottoschein ein? Seine Überlegungen wurden von Scheerers Stimme unterbrochen. „He, Peer. Was ist los? Trinkst du nichts mit?" Als Reinders nicht reagierte, stieß Scheerer Karlo in die Seite und deutete auf den glühenden BMW-Zweiventilerfan, einen schmalen Mann Ende vierzig, der immer noch vor seiner Maschine kauerte. „Der Reinders hat auch was Neues. Guck nur mal hin: zwei neue Auspuffkrümmer und einen neuen Endtopf. Von Zach aus dem Bayerischen Wald. Made in Germany. Komplett aus Edelstahl, nur vom Feinsten. Ich bin also nicht der Einzige hier, der neue Sachen hat."

Reinders war aufgestanden und nähergekommen. „Ein kleiner Unterschied besteht aber schon", grinste er säuerlich. „Preislich, meine ich."

„Okay, du hast ja recht", räumte Scheerer ein. „Aber immerhin hab ich dir geholfen, das Ding anzubauen. Hast dir ja neulich schon einen abgekrampft, als du nur die alte Anlage abbauen wolltest."

„Weißt du, wie lange die drauf war? Die Krümmer waren ja regelrecht festgebacken am Zylinderkopf."

„Und wer hat sie abgekriegt? Ohne das Gewinde zu verkorksen?"

„Ist ja gut. Dafür ist jetzt mein guter Malt-Whisky leer."

„Hör bloß damit auf." Scheerer erinnerte sich an den Morgen danach. Und das Kopfweh.

Karlo lächelte verständnisvoll. Dann ging er auf das neue Gespann zu, umrundete es mit bewundernden Blicken und schaute Scheerer fragend an. „Wann hast du das Ding gekauft? Ist das ganz neu?"

„Fast", entgegnete Scheerer. „Der Verkäufer hat dringend Geld gebraucht. Ein Typ aus Wiesbaden. Der Motor hat nur dreitausend Kilometer drauf. Gestern Abend hab ich das Gespann abgeholt."

„Wahnsinn. Darf ich fragen, wie viel du bezahlt hast?"

„Darfst du."

„Und?"

„Was und?"

„Wie viel?"

„Ich hab nur gesagt, dass du fragen darfst. Nicht, dass du auch eine Antwort kriegst."

„Blödmann." Karlo wandte sich beleidigt ab. Die Gedanken überholten sich in seinem Kopf. *Wenn* – immer vorausgesetzt *wenn* – Rolf an den Lottoschein gekommen war, hatte er das Geld so schnell nicht bekommen. Das dauerte bestimmt etliche Tage, bis die Kohle gutgeschrieben wurde. Aber vielleicht hatte er es von der Bank geliehen, gegen Vorlage des Scheins. Oder er hatte seine Altersvorsorge geplündert, weil er es nicht hatte abwarten können. Oder, oder, oder ...

Karlo erschrak, als Kuhl neben ihm auftauchte. Er schien seine Wut wieder im Griff zu haben, fasste ihn am Arm und zog ihn beiseite.

„Kuhl, es tut mir leid. Aber ich kann nichts dafür, ich wollte Otto doch nur einen Gefallen ..."

Kuhl unterbrach ihn mit einem unwilligen Kopfschütteln. „Geschenkt, Karlo. Wir machen daraus jetzt keine große Sache. Ich hab niemand erzählt, was passiert ist. Diese Geschichte mit deinem Kumpel, meine ich. Wenn einer nach ihm fragt, dann sagen wir eben, er hätte es sich anders überlegt. Ich habe keine Lust auf Diskussionen. Okay? Was macht der Typ eigentlich? Geht es ihm besser?"

„Immer noch ohne Bewusstsein. Aber was willst du den

anderen sagen, wenn die Bullen noch Fragen an die Mitglieder haben?"

„Das sehen wir, wenn es so weit ist."

„Gut. Alles klar, Kuhl, danke."

Kuhl war keineswegs so locker, wie er auf Karlo wirkte. Natürlich würde die Polizei nachforschen, bestimmt würden sie in den nächsten Tagen auch Fingerabdrücke von den Mitgliedern nehmen, keine Frage. Doch im Moment hatte er keine Lust, darüber nachzudenken.

Karlo trank sein Bier aus und entschloss sich dann, nach Hause zu fahren. Es war sehr viel passiert in den letzten Tagen, und er war einerseits müde, andererseits brauchte er dringend eine schöne Abwechslung.

Vielleicht hatte Jeannette Lust, ein wenig zu kuscheln ...

Samstag, 18. Juli
Frankfurt am Main

11

Karlo hatte geschlafen wie ein Stein. Jeannettes „Kuschel-bedürfnis" hatte ihn um ein Haar überfordert. Weit nach Mitternacht waren ihm die Augen zugefallen, und er hatte acht Stunden geschlafen, ohne zu träumen.

Noch nicht einmal von den Lottozahlen.

Wenn nicht gegen neun das Telefon geklingelt hätte, wäre Karlos Erholungsphase noch länger ausgefallen. Jeannette drehte ihm den Rücken zu und schnarchte dezent. Er stand behutsam auf, um sie nicht zu wecken.

Es war Gehring, und er klang ungeduldig. „Ich hab schon was, Herr Kölner. Harald hat noch gestern Abend seine Kontoauszüge überprüft. Vor einer Woche sind dreihundert Euro abgehoben worden, und zwar an einem Automaten in Bergen-Enkheim. Und es war nicht Herr Reichard. Also muss es seine Frau gewesen sein."

„Das hilft uns aber nicht weiter. Die Reichards wohnen in Bergen-Enkheim."

„Ja, das stimmt. Aber dann kommt's. Jetzt hat sie sich weiter weg bewegt."

„Und das bedeutet?"

„Es gab noch eine Abhebung. Gestern Mittag. Wieder dreihundert Euro."

„Und wo?"

„In Wüstensachsen."

„In der Rhön?"

„Genau."

„Was sagt Reichard? Kennt seine Frau dort jemanden?"

„Das habe ich ihn auch gefragt. Nein, er sagt, es gibt keine Verbindung dorthin."

„Und das Handy?"

„Immer noch aus."

Jetzt wurde Karlo ungeduldig. Es gab wieder mal was zu tun. „Was meinen Sie? Sollen wir hinfahren?"

„Ich wollte Sie gerade fragen, ob Sie das alleine hinbekommen. Wir sind heute Abend eingeladen. Gute Bekannte von Martina. Ich möchte meiner Frau das nicht verderben, sie hat sich schon lange auf die Einladung gefreut. Außerdem kennt mich Roberta Reichard. Es wäre vielleicht hilfreich, wenn sie nicht das Gefühl bekäme, man würde ihr hinterherspionieren. Wenn sich herausstellen sollte, dass es unbedingt nötig ist, kann ich morgen nachkommen."

„So können wir es machen. Aber – eigentlich kennt sie mich auch. Immerhin flüchtig. Sie wissen doch: Damals, die Sache, als Sie diese komischen Pakete bekommen haben. Da war ich doch mal bei den Reichards. Das war noch in ihrer alten Wohnung. Gut, das ist länger her. Und ich war nur kurz dort. Ich werde versuchen, mich unsichtbar zu machen. So gut es geht." Karlo gähnte ausgiebig. „Okay. Dann frühstücke ich jetzt und setze mich gleich danach auf die MZ. Mal wieder in die Rhön – wunderbar, vielleicht kann ich ja meinen Freund Paul besuchen."

„Die MZ? Die sollten Sie vielleicht zu Hause lassen. Wenn Sie unsichtbar bleiben wollen, ist dieser alte Knatterofen nicht gerade die richtige Wahl."

„Da haben Sie nicht ganz unrecht", gab Karlo schweren Herzens zu. „Ich könnte Jeannette fragen, ob sie mir den Mazda übers Wochenende leiht." Er dachte an die zurückliegende Nacht. „Eigentlich sollte sie heute Morgen guter Dinge sein."

Gehrings morgendliche Fantasie reichte aus, um Karlos Andeutung zu verstehen. „Eheliche Pflichten zur vollsten Zufriedenheit erfüllt?", grinste er in den Hörer.

„Bin zum Glück nicht verheiratet", gab Karlo zurück.

„Ich dagegen bin glücklich, verheiratet zu sein. Und zwar mit der idealen Frau."

„Ach, kommen Sie, Herr Gehring. Sie beide sind die große Ausnahme, das wissen Sie doch selbst am besten. Haben wir nicht gerade wieder ein aktuelles Beispiel? Sie sehen doch, was mit den Reichards los ist. Vorher ist alles gut, wenn man dann heiratet, kippt die Stimmung. Sie wissen ja: Die Ehe ist die Hauptursache aller Scheidungen."

Gehring lachte. „Ganz Unrecht haben Sie nicht. Bei uns ist sie immerhin kein Hinderungsgrund, uns zu mögen."

„Ich weiß, Herr Gehring. Die meisten Leute können Sie nur beneiden. Sie sind eben der ideale Ehemann."

„Ich fühle mich geschmeichelt, aber wie kommen Sie denn darauf?"

„Ein idealer Ehemann ist jemand, der glaubt, dass er die ideale Ehefrau geheiratet hat", schmunzelte Karlo und streckte sich ausgiebig. „Aber wie auch immer. Jetzt sollte ich sehen, dass ich in die Gänge komme. Ich melde mich morgen bei Ihnen."

„Brauchen Sie Geld? Soll ich Ihnen ein paar Spesen vorschießen? Sie werden sich ein Zimmer nehmen müssen."

„Darüber reden wir nächste Woche. Ich habe noch eine

kleine Reserve und lege die Kosten vor. Dann bis morgen, Herr Gehring."

„Bis morgen. Ach – einen Moment noch. Ich habe zwei aktuelle Fotos von Frau Reichard hier. Die sollten Sie sich vorher noch abholen. Wäre vielleicht hilfreich."

„Gute Idee. Dann komme ich auf dem Hinweg bei Ihnen vorbei."

„Ich bin auf jeden Fall zu Hause. Bis dann."

„Bis dann."

Inzwischen war Jeannette wach geworden. Sie rieb sich die Augen. „Wer war das?", fragte sie verschlafen, als sich Karlo auf die Bettkante setzte.

„Gehring. Er hat einen neuen Auftrag. Pass auf: Ich hole uns frische Brötchen. Nach dem Frühstück muss ich los, nach Wüstensachsen, in die Rhön." Er sann darüber nach, wie er es anstellen sollte, damit Jeannettes ihm ihren kleinen Sportflitzer lieh. In kurzen Sätzen beschrieb er Jeannette die Lage. „Schließlich verdiene ich auch wieder was dabei", versuchte er zu argumentieren. Und hoffte, dass dies auch tatsächlich der Fall sein würde.

„Wegen des Gespanns hat Gehring natürlich recht", gab Jeannette dann auch zu. „Mit dem alten Ding fällst du wirklich zu sehr auf."

Plötzlich munter geworden, sprang sie aus dem Bett. „Gut", rief sie aufgekratzt. „Dann hol mal Brötchen. Ich geh mittlerweile unter die Dusche und überlege mir, ob ich dir das Auto geben soll."

Ein wenig enttäuscht wollte Karlo losstiefeln.

„Halt!", stoppte ihn Jeannettes Stimme. „Nimm doch bitte den Müll mit nach unten."

Karlo rollte mit den Augen.

Der Müll.

Männerarbeit eben.

Jeannette hielt ihm den Einsatz des Abfalleimers unter die Nase. Er blickte hinein. Noch nicht mal halb voll. Karlo schüttelte den Kopf und nahm ihr widerwillig den Eimer aus der Hand. Während er die Treppe hinabstieg, guckte er noch einmal missgestimmt in den Eimer. Obenauf lag der zerknüllte Lottozettel.

Karlo blieb stehen.

Er nahm den Schein in die Hand und faltete ihn auseinander. Ein kleines Stück abgerissene Zeitung fiel auf die Treppe. Karlo bückte sich. Sechs Zahlen waren darauf notiert, in Jeannettes Schrift.

Die Zahlen der Mittwochsziehung. Sein Herz machte einen Sprung, als er die Zahlen erkannte.

Jetzt nicht die Nerven verlieren, Karlo.

Mit Jeannette konnte er nicht darüber reden, das war klar. Wo war dieser verfluchte Schein?

Als Karlo zwanzig Minuten später wieder die Wohnung betrat, hatte er sich einigermaßen beruhigt. Geld war nicht alles, redete er sich ein.

„Schau mal, ich hab dir ein Müsli gemacht", überfiel ihn die kleine blonde Frau. „Du musst einfach mehr auf deine Ernährung achten." Sie lächelte ihn spöttisch an. „Sonst schlaffst du mir noch ganz ab."

Was hatte das nun wieder zu bedeuten? „Oh", sagte er nur. Er legte die Brötchentüte auf den Küchentisch und setzte sich. Jeannette schenkte Kaffee ein und schob ihrem Lebensgefährten die Schüssel mit dem Müsli vor die Nase.

Karlo atmete tief durch und nahm einen Schluck Kaffee. Dann begann er mit dem Mut der Verzweiflung das Müsli zu löffeln. *Keine Diskussionen,* dachte er tapfer. *Ich brauche das Auto.*

„Du bist ein Feigling, Karlo."

„Was? Wieso bin ich ein Feigling?"

„Weil du das Müsli doch nur isst, damit ich dir das Auto gebe."

„Was hat das denn damit zu tun?", fragte er scheinheilig.

„Stimmt doch, oder?"

„Nein. Stimmt nicht."

„Warum wirst du dann rot?"

„Ich werde nicht rot", brauste Karlo auf und errötete.

Jeannette lachte. „Reingelegt." Sie deutete auf die Schüssel mit dem Müsli. „Na, gib schon her. Mach dir deine Kalorienbomben. Vielleicht brauchst du das ja."

Karlo atmete auf. „Nicht abgeschlafft?"

Ein Schlafzimmerblick streifte ihn. „Nein, nicht abgeschlafft." Jeannette begann, das Müsli mit dem Löffel umzurühren.

„Dann gibst du mir das Auto?"

„Ja. Nein. Vielleicht."

„Was ist das für eine Antwort?"

„Ich habe darüber nachgedacht, ob ich mitfahren soll."

Karlo zögerte nur kurz. „Klar. Das ist eine schöne Idee. *Arbeiten, wo andere Urlaub machen.*"

„Nein. *Wohnen, wo andere arbeiten,* so heißt es."

„Quatsch. Jetzt hab ich's: *Wohnen, wo andere Urlaub machen.* Das sagen die überall dort, wo sie einem ein baufälliges Bauernhaus andrehen wollen."

„Stimmt. Aber was hat das mit deiner Arbeit zu tun?

Wir wollen doch gar kein Haus kaufen. So viel Geld haben wir überhaupt nicht."

Könnten wir aber haben, verdammt.

Wo zum Teufel war dieser Schein?

Karlo trat dem Teufel auf den Schwanz. Er konnte es sich nicht verkneifen. „Dann spiel doch im Lotto", schnappte er. „Vielleicht gewinnst du ja diesmal."

Prompt merkte Karlo, wie die Stimmung kippte. „Komm schon, Jeannette. Das war ein Spaß." Er fasste nach ihrer Hand. „Ich würde mich freuen, wenn du mitkommst. Ehrlich. Vielleicht kannst du mir sogar helfen?"

Karlos Freundin beruhigte sich wieder. „Vielleicht kannst du mich auch bei Sina absetzen. Ich habe vorhin mit ihr telefoniert. Sie würde sich sehr freuen, mich zu sehen. Du kannst derweil in aller Ruhe Frau Reichard suchen."

„Klar. Wie du willst. Kannst es dir ja während der Fahrt noch mal überlegen."

Wenig später biss Karlo zufrieden in ein Brötchen. In seinem Inneren befanden sich Zwiebeln, aufgeschnittene Gewürzgürkchen, dazu viel Senf. Und eine sehr dicke Schicht Hausmacher Leberwurst. Aus der Rhön.

Ein letztes belegtes Brötchen hatte sich Karlo als Proviant eingepackt. Die Galgenfrist für seine Wegzehrung reichte allerdings nur bis zur Birsteiner Straße. Kauend und schmatzend stand er vor Gehrings Vorgartentür und drückte den Klingelknopf.

Bevor Gehring ihm die Fotos von Frau Reichard übergab, wischte er sich die fettigen Finger an der Hose ab und wollte schon wieder ins Auto steigen. Doch Gehring kam ihm winkend hinterhergelaufen. „Augenblick, Herr Kölner.

Warten Sie bitte noch einen Moment. In meinem Büro liegt noch etwas für Sie. Ich habe Ihnen eine aktuelle Liste mit Gasthöfen und Pensionen rund um Wüstensachsen ausgedruckt. Die könnten Sie diskret abklappern. Vielleicht hat sich Roberta irgendwo in der Nähe ein Zimmer genommen. Und Sie brauchen ja auch eine Unterkunft. Und hier", ergänzte er dann, „hier habe ich noch Ausdrucke der Karten von Wüstensachsen und den anderen umliegenden Ortschaften, so ziemlich von der ganzen Gemeinde Ehrenberg. Der Geldautomat scheint der einzige im Umkreis von zehn Kilometern zu sein. Es kann deshalb gut sein, dass sie woanders wohnt. Sie haben also jede Menge Arbeit."

Gegen halb zwölf fuhr Karlo auf die Autobahn A66 auf. Während der ganzen Fahrt ärgerte er sich, dass er nicht noch schnell ins Clubheim gefahren war. Um wenigstens der Form halber zu schauen, ob der Schein irgendwo herumlag. Andererseits – weg war weg. Er beschloss, die Sache abzuhaken. Vielleicht hatte er noch eine Chance, sollte Otto irgendwann wieder aufwachen. Wenn er überhaupt wusste, wo der Lottoschein geblieben war. Dann vertrieb er seine Gedanken und versuchte, sich auf seine Aufgabe zu konzentrieren.

Viertel vor eins setzte er Jeannette bei Sina in Hofbieber ab. Die Begrüßung zwischen Sina und Karlo war wegen der fortgeschrittenen Zeit nur kurz ausgefallen. Mit Jeannette hatte er vereinbart, am Abend zu telefonieren.

Kurz vor halb zwei parkte Karlo Jeannettes roten Mazda MX5 in der Rhönstraße in Wüstensachsen vor der Sparkasse. Vielleicht hätte er Gehring doch noch um einen kleinen Vorschuss bitten sollen. Egal, er hatte ja seine Bankkarte dabei. Er betrat die Bank und ging zum Geldautomaten. Hier hatte Roberta Reichard also zuletzt Geld abgehoben. Dieses Glück war Karlo nicht beschieden. *Außer Betrieb* stand im Display. Karlo fluchte leise.

Er verließ die Bank wieder und studierte die Liste mit den Unterkünften.

Es wurde mühsam. Sehr mühsam. Und überaus frustrierend. Karlo hatte eine Unzahl an kleinen Pensionen, Ferienwohnungen, Kneipen und Gasthöfen besucht, hatte die Seitenstraßen durchstreift auf der Suche nach dem Wagen von Roberta Reichard – nichts.

Auch die Menschen auf der Straße, denen er das Bild von Frau Reichard auf gut Glück gezeigt hatte, hatten nicht weiterhelfen können. Niemandem war die Frau des Kommissars aufgefallen.

Nun war es spät, schon beinahe neunzehn Uhr. Karlo beschloss erschöpft, am Sonntagmorgen weiterzumachen.

Müde und hungrig war er mittlerweile im Ehrenberger Ortsteil Seiferts angekommen.

Er brauchte jetzt dringend ein Bier.

Und danach noch ein Bier.

Dann etwas Gutes zu essen.

Und noch ein Bier.

Und vor allem ein kuscheliges Bett.

Am schönsten wäre es natürlich, sinnierte er, wenn er einen Weg fände, Jeannette in genau dieses kuschelige Bett zu dirigieren. Irgendwie bekam er die Vorstellung nicht aus dem Kopf, aus der nervigen und langweiligen Suche nach der Frau des Kommissars noch einen kleinen, aber feinen Kurzurlaub zu zweit zu machen. Vielleicht konnte er Jeannette überreden, zwei oder drei Tage freizunehmen?

Doch dazu musste er besagtes Bett erst einmal finden.

Ein riesiger Apfel am Straßenrand ließ ihn aufmerken. Die bunt bemalte Skulptur in Form eines Apfels, gut einen Meter fünfzig groß, stand vor einem Gasthaus. Karlo bremste scharf ab und kam direkt vor dem Apfel zum Stehen. Er betrachtete die Schrift an der Fassade. *Krenzers Rhönschaf-Hotel.* Hatte er darüber nicht irgendwann einen Bericht im hessischen Fernsehen gesehen? Das wäre bestimmt das Richtige, dachte er und blickte suchend um sich.

Mit Mühe fand er noch einen Parkplatz an der Straße. Die vielen Fahrzeuge vor dem Haus ließen seine Hoffnung auf ein schönes Zimmer allerdings schnell schwinden. Seine Tasche ließ er deshalb erst einmal im Wagen.

An der Rezeption wurde er dennoch herzlich begrüßt. *Melissa* stand auf dem kleinen Schildchen, das an der Bluse der jungen Frau steckte. Ohne große Hoffnung fragte er die Frau nach einem Zimmer.

„Ein Zimmer. Sie sind alleine?"

„Ja. Wieso?"

„Nur so. Sie haben Glück. Heute Mittag hat ein Gast abgesagt. Wir haben noch ein Kuschel-Schaf-Zimmer frei. Nicht besonders groß, aber sehr gemütlich."

„Kuschel-Schaf ... was?"

„Kuschel-Schaf-Zimmer."

„Ein kuscheliges Bett suche ich ja. Aber vielleicht doch eher ohne Schaf", flachste Karlo und zwinkerte Melissa zu.

„Keine Angst", lächelte die Frau zurück. „Unsere Schafe liegen nicht in den Betten. Die stehen eher auf der Speisekarte."

„Da bin ich beruhigt. Und dieses Zimmer ist noch frei?"

„Genau. Das können Sie haben. Wie lange möchten Sie denn bleiben?"

„Kann ich noch nicht sagen. Und wenn jemand mit dazu käme? Also, ich meine, kein Schaf – eher meine Freundin? Heute Abend oder vielleicht auch erst morgen?"

„Kein Problem. Ist ein Doppelzimmer."

„Ist hiermit gebucht. Bestellen Sie mir bitte schon mal ein Bier? Ich hole nur meine Tasche aus dem Auto."

„Ein Rhönschaf-Bier oder ein Bio-Pils oder eher ein ..."

„Ihr habt es mit den Schafen, was?"

„Wir sind hier in der Rhön."

„Gut. Dann eben ein Rhönschaf-Bier. Zum Testen. Aber bitte vom Lamm, nicht vom Hammel." Karlo kam Harry Webers aktuelles Rezept in den Sinn. Er konnte den Hammelgeruch fast greifen.

Nach der Erledigung der Formalitäten brachte Karlo seine Tasche aufs Zimmer und betrat kurz darauf die Gaststube. Er traf gleichzeitig mit seinem ersten Rhönschaf-Bier am Tisch ein. Er nippte vorsichtig.

Lecker! Richtiges Bier.

Aus Hopfen und Malz.

Ohne Schafsgeschmack.

Er trank es auf einen Zug aus, bestellte sich ein zweites und studierte die Speisekarte. Bei einem Gericht namens *Rhönlammtiegel* blieb er hängen. Er verdrängte seine Erfahrungen mit Webers Schreckensküche aus der Erinnerung und gab dem Rhönlamm eine Chance. Es klang auch zu verführerisch: *In hausgemachtem Apfelwein und Honig eingelegte Lammfleischstücke werden in einer süß-sauren Soße mit Gemüsewürfeln zubereitet und zünftig in der Pfanne serviert, dazu gibt es mit Kräuterbutter abgeschmeckte Eiernudeln und einen Salatteller.*

Er bestellte mit heftig knurrendem Magen.

Dann nahm er sein Handy, ging vor die Tür und rief Jeannette an.

„Karlo?"

„Ja, ich bin's."

„Und? Hast du was rausfinden können?"

„Fehlanzeige. Wenigstens bis jetzt. Keiner hat sie gesehen."

„Es muss ja nicht heißen, dass sie in der Nähe wohnt. Nur weil sie dort am Geldautomat war."

„Das stimmt. Wär mir aber ganz recht gewesen."

„Kann ich mir vorstellen. Was machst du heute noch? Wo bist du überhaupt?"

„In Seiferts. Im Rhönschaf-Hotel. Haben wir darüber nicht neulich erst was im Fernsehen geguckt? Ist super hier. Ich habe schon etwas zu essen bestellt. Morgen früh suche ich weiter."

Dann erwachte das Kuschel-Schaf in Karlo. „Und was machst du? Hast du nicht Lust noch herzukommen? Ich habe ziemliches Glück gehabt und ein richtig gemütliches Zimmer bekommen." Seine Stimme bekam ein raues, ein sonores Timbre. *„Das Kuschel-Schaf-Zimmer."* Er räusperte sich bedeutungsvoll. „Wir könnten ..."

„Hört sich ja nicht schlecht an", unterbrach ihn Jeannette. „Aber wir haben gerade schon gegessen. Jetzt trinken wir noch ein Weinchen. Spät wird es bei uns heute nicht. Wir haben nämlich ausgemacht, morgen ein wenig zu wandern."

„Ach, wandern wollt ihr?" Karlos Enttäuschung war deutlich zu hören.

„Ja. Oder wenigstens ausgiebig spazierengehen. Sina will mit mir von der Wasserkuppe rüber zum Wachtküppel laufen. Soll ja schönes Wetter werden."

Karlo überlegte, wie er Jeannette doch noch überreden könnte, ihn im Hotel zu besuchen. Seit er ihre Stimme gehört hatte, war seine Müdigkeit wie weggeblasen. Doch seine Hoffnung bekam schnell einen Dämpfer.

„Außerdem muss ich Montag wieder auf die Arbeit", wischte sie Karlos Bemühungen beiseite. „*Ich* habe ja einen festen Job."

„Dann viel Spaß beim Wandern." Karlo gab auf und wollte sich enttäuscht verabschieden, da fiel ihm noch etwas ein. „Sag mal, Jeannette, kann es sein, dass du das zweite der Bilder, die Gehring uns mitgegeben hat, bei dir hast? Ich kann es bei mir beim besten Willen nicht finden."

„Das Bild von Frau Reichard?"

„Genau. Kannst du mal schauen?"

„Da brauche ich nicht zu schauen. Ich habe es hier vor mir liegen."

Jeannette betrachtete das Bild der attraktiven Frau mit den schulterlangen dunklen Haaren. „Brauchst du das unbedingt? Ich dachte, du hättest es mir absichtlich dagelassen. Im Falle sie mir zufällig über den Weg laufen sollte."

„Das ist eigentlich eine gute Idee. Du hast recht, eigentlich reicht mir das eine Bild. Wenn du sie sehen solltest, rufst du aber sofort an, hörst du? Ach ja", fiel ihm dann noch ein, „ihr Auto, das ist ein dunkelgrünes Mini-Cabriolet. Willst du dir die Nummer notieren?"

„Ja, kann ich machen. Aber das wäre schon ein sehr großer Zufall. Wir telefonieren morgen sowieso. Wir müssen ja am Abend wieder zurück."

„Hast du was zum Schreiben?"

„Ja, ich höre. Schieß los." Jeannette notierte sich die Autonummer.

„Hast du's? Gut, dann lass uns um fünfzehn Uhr morgen reden."

„Alles klar. Du rufst mich an, ja? Ach – was macht eigentlich mein Auto? Lebt es noch?"

„Natürlich. Was denkst du denn? Dann bis morgen. Und sag einen Gruß."

„Mach ich. Bis dann."

Sonntag, 19. Juli
Am Wachtküppel bei Gersfeld

12

Jeanette blieb stehen und sog die saubere Luft tief ein. Eine herrliche Gegend war das hier. Es war allerdings schon etwas mehr als ein ausgedehnter Spaziergang geworden. Und jetzt ging es gleich auch noch bergauf. Sina wollte unbedingt auf den Gipfel des Wachtküppels, in 705 Metern Höhe, um ihr den Ausblick zu zeigen. Ein feiner Schweißfilm zog sich über Jeannettes Stirn.

„Was ist los? Machst du schlapp?" Sina kicherte.

„Quatsch. Ich mache das nur nicht jeden Tag." Jeannette schaute sich um. „Also, ich muss zugeben, du hast nicht übertrieben. Es ist einmalig hier." Sie wischte sich mit dem Ärmel über die Stirn und blickte in die Runde.

„Aber wir gehen schon noch ganz hoch, oder?", fragte Sina, rückte ihren kleinen Rucksack energisch zurecht und besah sich ihre Freundin skeptisch.

„Klar doch", Jeannette gab sich tapfer. „Lass mich nur einen kleinen Moment verschnaufen."

Da entdeckte sie die Bank, die neben dem schmalen Pfad zum Gipfel des kleinen Basaltbergs stand. Sie nahm Platz und lehnte sich mit einem wohligen Seufzer zurück.

Dann drehte sie sich um und versuchte, einen Blick zum Gipfelkreuz zu erhaschen, um die Entfernung bis ganz oben abzuschätzen. Schon am Abend zuvor war ihr klargeworden, dass der Wachtküppel Sina Mehlers absoluter Lieblingsberg war. *„Der Berg liegt drei Kilometer nordwestlich von Gersfeld, und er bietet Wanderern einen wunderbaren Blick in alle Himmelsrichtungen."* Sina hatte geklungen wie ein Reiseführer.

Die beiden Frauen waren nicht mit dem Auto hergekommen. Sina hatte den Wagen auf dem oberen Parkplatz der Wasserkuppe abgestellt. Vom Parkplatz aus waren sie bis zum Pferdskopf gelaufen, hatten von dort den steilen Abstieg zum Guckaisee absolviert und waren dann auf einem Wanderweg weiter bis zum Wachtküppel marschiert. Hinter den beiden Wanderfrauen lagen nun schon etliche Kilometer Wegstrecke. Und auch Höhenmeter.

Sina checkte die Zeit. „Oh!", erschrak sie. „Schon fast zwei Uhr. Ich befürchte, ich habe mich verschätzt. Komm weiter, Jeannette. Lass uns noch hochklettern, damit du die schöne Aussicht genießen kannst. Wir sind schon fast da. Dann müssen wir uns aber auf den Rückweg machen."

„Wie weit ist es denn noch?"

„Wirklich nur noch ein kleines Stück bis ganz oben. Vielleicht fünf Minuten. Ein bisschen kraxeln müssen wir aber noch am Schluss."

„Na, dann los."

Kurz vor der Bergspitze kam den beiden eine größere Wandergruppe entgegen. Am Gipfel selbst stand eine schlanke Frau neben dem Gipfelkreuz. Sie wirkte ziemlich verloren, unschlüssig. Die kurzen dunkelroten Haare ihrer aufwändig gestuften Frisur glänzten in der Sonne. Eine große Sonnenbrille schützte sie vor dem grellen Licht.

Jeannette streckte sich und blickte in die Runde. „Wunderbar. Sina, du hast nicht zu viel versprochen. Schade, dass wir so wenig Zeit haben."

Die rothaarige Frau hatte sich auf einem Felsvorsprung niedergelassen, griff in eine Umhängetasche und zog eine Wasserflasche hervor. Sina spürte die Enttäuschung der Frau, als sie bemerkte, dass die Flasche fast leer war. Sie setzte den Rucksack ab und zog eine Dose Eistee hervor. „Hier, möchten Sie? Ist ganz schön warm heute, was?"

Überraschung zeigte sich auf dem Gesicht der Fremden. „Das ist sehr nett. Ich kann Ihnen aber Ihre Vorräte nicht wegtrinken." Sie deutete auf den Rucksack. „Sie haben bestimmt schon einen längeren Weg hinter sich und brauchen Ihre Getränke selbst. Bei mir ist es nicht so schlimm. Mein Wagen steht ganz in der Nähe."

„Nehmen Sie nur. Ich habe noch zwei Dosen. Das reicht uns für den Rückweg." Sina schaute wieder auf die Uhr. „Leider haben wir uns in der Zeit verschätzt. Wir haben für den Weg hierher länger gebraucht als gedacht." Sie hielt der Frau die Dose hin. „Jetzt nehmen Sie schon. Ist noch schön kalt, ich habe ein paar Kühlelemente in den Rucksack gesteckt."

Die Rothaarige setzte die Sonnenbrille ab und steckte sie in die Umhängetasche. Dann griff sie zu und riss die Dose auf. „Danke. Das ist äußerst nett von Ihnen." Sie zuckte bedauernd mit den Schultern. „Leider habe ich nichts dabei, was ich Ihnen anbieten könnte."

„Sie brauchen uns nichts zurückgeben. Ist doch nur eine Dose Eistee." Sina gab Jeannette eine der beiden restlichen Dosen und öffnete sich selbst die letzte.

Schweigend tranken die drei Frauen und genossen den Ausblick in die Rhön. Aus den Augenwinkeln beobachtete Jeannette die Frau mit den roten Haaren. Sie war bekümmert, das konnte sie spüren. Irgendetwas lastete auf ihr,

119

schien sie schwer zu bedrücken. Ihre Neugierde erwachte, aber sie konnte diese fremde Person doch nicht nach ihren Problemen fragen. Das ginge eindeutig zu weit.

„Wissen Sie was?" Die Stimme der Fremden riss Jeannette aus ihren Überlegungen. „Sie sind spät dran? Wo haben Sie denn Ihr Auto stehen?"

Sina ging einen Schritt auf die Frau zu. „Der Wagen steht auf der Wasserkuppe, auf dem oberen Parkplatz, wieso fragen Sie?"

„Wenn Sie möchten, kann ich Sie hinfahren. Sie müssten nur bis zum Waldgasthof mitkommen, da habe ich meinen Wagen geparkt."

Jeannette kam Sina zuvor. Sie hatte die ganze Zeit an den langen Weg und den steilen Pfad zurück zum Pferdskopf gedacht. Dieser unvermeidliche Aufstieg. Sie war das Laufen einfach nicht mehr gewohnt.

Es wurde Zeit, endlich mal wieder für mehr Fitness zu sorgen.

„Das würden Sie tun?", fragte sie schnell, bevor Sina ablehnen konnte. Doch Sina beschränkte sich auf ein halbherziges „Das können wir doch nicht annehmen. Sie haben bestimmt Besseres vor, als uns zwei Wanderlehrlinge durch die Gegend zu kutschieren."

Erwartungsgemäß widersprach die Frau. „Nein, ich habe heute alle Zeit der Welt. Es wäre mir eine Freude, Ihnen zu helfen. Das ist doch keine Strecke", bekräftigte sie ihr Angebot. Jeannette bemühte sich, ihre Erleichterung nicht zu zeigen. Sie blickte ebenfalls auf die Uhr. „Helfen würde uns das schon. Es ist schon ziemlich spät." Sie wandte sich an Sina. „Ich wollte um drei mit Karlo telefonieren, wir müssen ja irgendwann zurückfahren. Was meinst du?"

„Ja, schon", gab Sina zu. „Dann nehmen wir Ihr Angebot an."

„Na sehen Sie. Dann lassen Sie uns aufbrechen. Eine gute Viertelstunde werden wir bis zum Auto brauchen."

Sina stopfte die leeren Dosen in den Rucksack, dann machten sich die drei Damen an den Abstieg.

„Sind Sie von hier?" Jeannette konnte ihre Neugier nicht im Zaum halten.

„Nein. Ich komme aus Frankfurt."

„Also so was. Das gibt's doch nicht", rief Jeannette fröhlich aus. „Ich komme auch aus Frankfurt. Irgendwie kommen Sie mir auch bekannt vor. Vielleicht sind wir uns ja schon mal über den Weg gelaufen? Besuchen Sie auch Bekannte?"

Die Frau senkte den Kopf. „Nein, ich bin alleine hier", antwortete sie und wirkte dabei so traurig, dass Jeannette sich nicht traute, weitere Fragen zu stellen.

Der Parkplatz am Waldgasthof Wachtküppel war voll belegt. Kurz davor blieb Jeannette wie vom Blitz getroffen stehen.

Auf dem vorletzten Platz stand ein dunkelgrünes Mini-Cabriolet.

Mit Frankfurter Nummer.

Sie stieß Sina mit dem Ellenbogen in die Seite und wies stumm in die Richtung des Fahrzeugs. Sina hatte den Wagen ebenfalls bemerkt und nickte eifrig.

„Die Nummer stimmt auch", flüsterte Jeannette.

„So, da wären wir." Die Rothaarige war ein paar Schritte vorausgeeilt. Die beiden Freundinnen staunten nicht schlecht, als die Fremde auf den Mini zusteuerte und die Türen entriegelte.

121

„*Das* ist Ihr ...", setzte Sina an zu fragen, doch Jeannette gab ihr einen erneuten Stoß mit dem Ellenbogen. Sina verstummte.

„Ja, das ist meiner. Man hat nicht viel Platz, besonders hinten. Sie müssen entschuldigen, aber ich liebe die kleine Kiste."

„Nein, nein, alles gut. Ich hatte sogar selbst überlegt, ob ich mir so einen zulegen soll", beeilte sich Sina zu sagen.

Die Frauen stiegen ein. Sina setzte sich nach hinten, Jeannette nahm auf dem Beifahrersitz Platz. In ihrem Kopf rotierte es. Sie rief sich das Foto, das Gehring ihr gegeben hatte, vor ihr geistiges Auge. Aber das hier war doch nicht Frau Reichard. Und doch – wenn sie sich die langen dunklen Haare wegdachte ... Irgendwie war ihr die Frau schon auf dem Gipfel bekannt vorgekommen. An der Kreuzung zur Ebersburg wagte Jeannette noch einen Vorstoß. „Bleiben Sie noch länger in der Rhön?"

„Kann ich nicht genau sagen. Ich habe ein Zimmer im Rhönschaf-Hotel in Seiferts. Kennen Sie das? Früher hieß das Haus *Zur Krone*." Einen Moment hellte sich ihr Gesicht auf: „Die kochen dort außergewöhnlich gut. Eigentlich eine ganz traditionelle Küche. Aber immer mit einem gewissen Pfiff, eine eigene Note. Ungewöhnliche Ideen mit alten Rezepten kombiniert, so könnte man sagen. Sehr empfehlenswert. Die Küche verarbeitet sehr viele Produkte aus der Region." Dann verdüsterte sich ihre Stimmung wieder. „Wissen Sie", fuhr sie fort, „ich brauche im Moment viel Ruhe zum Nachdenken. Ich habe ... ich bin ...", plötzlich biss sie sich auf die Lippen und brach ab.

Jeannette hatte das peinliche Gefühl, zu weit gegangen zu sein. Sie beschloss, es gut sein zu lassen. Dann erst begriff sie, was die Frau gesagt hatte. *Das Rhönschaf-Hotel in Seiferts.* Dort hatte Karlo gestern ein Zimmer gemietet. Sie müsste ihn so schnell wie möglich informieren. Den Rest der Fahrt versuchte Sina der Frau noch einige Rhöner Sehenswürdigkeiten zu empfehlen.

Bald darauf standen sie auf dem Parkplatz an der Wasserkuppe. Die Frau schaltete den Motor aus und schaute in den Rückspiegel. „Ich wollte heute Nachmittag eigentlich noch in dieses Malerdorf, nach Kleinsassen, zur Kunststation fahren. Dort ist eine Ausstellung, die mich sehr interessiert." Sie drehte sich zu Sina, die auf dem Rücksitz darauf wartete, dass Jeannette die Tür öffnete und ausstieg. „Kleinsassen, das ist doch ganz in der Nähe hier?"

„Ja", bestätigte Sina. „Ist auch ganz einfach zu finden." Sie erklärte der Frau, wie sie am besten ins Malerdorf zur Kunststation kommen würde.

Jeannette war mittlerweile ausgestiegen, und Sina kroch ächzend ins Freie. „Dann noch einmal vielen, vielen Dank, Frau …", sie schaute die Rothaarige fragend an. Die ging nicht auf die versteckte Frage ein.

„Gern geschehen. Freut mich, wenn ich Ihnen helfen konnte. Vielleicht trifft man sich ja zufällig mal wieder."

„Ja, das würde uns auch freuen", rief Jeannette freundlich. „Tschüss dann."

„Auf Wiedersehen."

Die Rothaarige winkte im Wegfahren noch einmal, kurz darauf war sie verschwunden.

„Das war sie! Was meinst du?" Sina war aufgeregt.

„Tja. Das Auto stimmt, die Nummer ist die richtige, nur die Frau sieht so anders aus."

Jeannette zog das Bild aus der Handtasche und studierte es genau. „Aber die Nase, der Mund, überhaupt das ganze Gesicht, zumindest das, was man davon sieht. Die langen Haare geben einen ganz anderen Eindruck. Mit den kurzen Haaren ist das Gesicht flächiger, wirkt nicht so schmal." Sie machte eine Pause. „Aber ja", bestätigte sie dann, „ich denke schon, dass das Roberta Reichard war."

„Die war aber echt komisch drauf."

„Sie scheint Kummer zu haben."

„Kann sein. Vielleicht Ärger zu Hause?"

„Karlo sagt, Reichard hätte erzählt, sie sei ganz seltsam gewesen. Sie hätten sich gestritten. Und dann war sie weg."

„Was machen wir jetzt? Du musst Karlo anrufen."

Jeannette tippte auf dem Display herum. „Schon dabei." Sie hielt das Telefon ans Ohr. „Besetzt."

Sonntag, 19. Juli
Seiferts in der Rhön

13

Karlo hatte die Schnauze voll. Niemand hatte Reichards Frau gesehen. Als Letztes hatte er das Personal im Rhönschaf-Hotel befragt. Sogar den Auszubildenden in der Küche hatte er das Bild gezeigt. Ohne Erfolg.

Er nippte an seinem Kaffee und schaute auf die Uhr hinter der Theke. Halb vier. Hatte Jeannette ihn vergessen? In diesem Moment klingelte sein Handy.

„Jeannette. Endlich. Wo ...“

„Ich bin nicht Jeannette." Harry Weber lachte meckernd.

„Harry. Ich warte auf einen Anruf von Jeannette."

„Das dachte ich mir beinahe."

„Schlauberger. Was gibt's?"

„Du hast dich doch für meinen, äh, Lebensmittellieferanten interessiert."

„Du meinst deinen Schwarzhändler."

„Jetzt hab dich mal nicht so."

„Ist ja gut. Und?"

„Ich hab ihm versichert, dass du die Schnauze halten kannst. Ich hoffe, du tust das auch."

„Na, hör mal Harry. Und?"

„Du sollst ihn anrufen und sagen, was du brauchst. Er besorgt es dann. Kann aber immer ein paar Tage dauern."

„Gut. Dann gib mir mal die Nummer, Moment, ich brauche was zu schreiben." Karlo winkte der Bedienung und vollführte eine schreibende Bewegung in der Luft. „So, jetzt kann's losgehen." Er notierte die Nummer und steckte den Zettel in die Hosentasche.

Wieder klingelte das Telefon.

„Hab schon geglaubt, du hättest mich vergessen. Habt ihr einen schönen Tag gehabt?"

Jeannette ging nicht auf die Frage ein. „Wenn du stundenlang telefonierst", kam es Karlo schnippisch ans Ohr.

„Du, hör bloß auf, schlechte Laune hab ich selbst. Das war ein Mist-Tag. Keiner hat die Reichard gesehen."

„Wundert mich nicht. Wenn man so nachlässig sucht wie du."

Karlo wurde ärgerlich. „Was soll das schon wieder heißen?"

„Das soll heißen, dass diese Frau bei dir im Gasthof wohnt. Aber der Herr Meisterdetektiv merkt das nicht. Treibst du dich wieder mit dem Zimmermädchen herum?"

Karlo verdrehte die Augen. Diesen Fehltritt vor einigen Jahren würde sie ihm wohl ein Leben lang unter die Nase reiben.

„Nein. Dieses Mal ist es der hübsche junge Kellner. Aber was meinst du? Hier hat niemand mit dem Namen Reichard eingecheckt."

„Dann hat sie eben einen falschen Namen angegeben", mäkelte sie. „Nimm dich zusammen, Karlo. Wir sollten jetzt nicht streiten. Ich muss allerdings zugeben, sie sieht auch ziemlich anders aus", lenkte sie dann ein. „Sie hat sich eine neue Frisur machen lassen und hat jetzt ganz kurze dunkelrote Haare."

„Und du bist sicher ... woher hast du das eigentlich?"

„Sie hat es uns selbst erzählt."

Karlo war sprachlos.

Dann erlöste ihn Jeannette und berichtete, was sie erlebt hatten.

„Das heißt, sie ist später wieder hier?"

„Das hat sie vor. Sie wohnt schließlich momentan dort. Vielleicht kannst du dich im Hintergrund halten. Du hast ja gesagt, sie könnte dich eventuell erkennen. Aber ich habe mir schon was ausgedacht. Ich komme vorbei und versuche, mit ihr Kontakt zu kriegen. Vielleicht bekomme ich ja was raus. Wenn wir ein wenig Glück haben."

„Und was willst du ihr sagen, warum du auf einmal auftauchst?"

„Mir wird schon was einfallen. Bis gleich. Sina bringt mich vorbei."

„Musst du morgen nicht arbeiten?"

„Ich nehme mir frei."

„ Okay. Wenn das so einfach geht. Ich rufe Gehring an und erkläre ihm den neuesten Stand."

„Tu das. Bis später. Und du bleibst abends am besten auf deinem Zimmer. Ich würde nämlich gerne alleine mit ihr reden."

Gehring war überrascht vom flotten Erfolg von Karlos – oder eher Jeannettes – Bemühungen. Er hoffte, dass Jeannette einen Zugang zu Frau Reichard bekam. Reichard wollte er noch nicht informieren, sondern erst abwarten, was Jeannette in Erfahrung bringen würde.

Karlo wählte indes die Nummer, die Weber ihm gegeben hatte. Es tutete dreimal. Dann wurde abgehoben.

„Scheerer, hallo?"

Karlo verschluckte sich fast. „Wer?"

„Rolf Scheerer. Wer sind Sie denn?"

Karlo legte schnell auf.

Das konnte jetzt aber nicht wahr sein. Tausend Gedanken jagten durch seinen Kopf.

Einige Tage zuvor
Seiferts in der Rhön

14

Roberta Reichards Schlaf war in der vergangenen Nacht einigermaßen erholsam gewesen. Das erste Mal, seit sie sich in der Rhön aufhielt, waren ihr die schweren Sorgen nicht in die Träume gefolgt, um sie dort zu peinigen. Ganz so, als wäre ihr schlechtes Gewissen nicht schon Strafe genug.

Nach dem Aufstehen duschte sie ausgiebig und schminkte sich sorgsam. Dann zog sie sich an, um nach unten zu gehen. Als sie die Zimmertür öffnen wollte, sah sie den Zettel.

Jemand hatte ihn unter der Tür durchgeschoben. Ein ungutes Gefühl befiel die Frau des Kommissars. Sie bückte sich und faltete das Papier auseinander. Ein Computerausdruck, nichts Besonderes, Schrift Times New Roman, ohne Unterschrift oder Namen. Zuerst begriff sie nicht, dann dachte sie an ihren Mann, der alleine zu Hause war und sich ihr Verschwinden nicht erklären konnte. Wie musste er sich fühlen? Sie verwarf den naheliegenden Gedanken und las noch einmal.

Gut geschlafen?
So ganz ohne mich?
Ruf doch endlich mal an!

Reflexartig versteifte sich ihr Körper. Sie kniff die Augen zusammen. Was hatte das zu bedeuten? Vor allem, wenn der Zettel nicht von Harald sein sollte. Sie kannte hier niemanden. Wer konnte das gewesen sein? Vielleicht irgendein Spinner, der sie an den vergangenen Abenden in der Gaststube gesehen hatte? Um ihr dann hinterherzuspionieren und ihre Zimmernummer zu erfahren?

Oder doch jemand, der sie schon länger kannte? Sie hatte sich nicht unter ihrem richtigen Namen eingetragen und sich deshalb eigentlich sicher gefühlt.

Schnell faltete sie die Nachricht wieder zusammen und legte sie auf den Nachttisch. Ihr Sorgenberg schien nicht kleiner zu werden. Die innere Verkrampfung wurde wieder stärker.

Trotzdem hatte sie das erste Mal seit Tagen wieder Lust auf ein gutes Frühstück.

Danach hatte sie vor, zum Kreuzberg zu fahren und dort nach einem ausgedehnten Spaziergang einzukehren. Vielleicht konnte sie dort den Kopf freibekommen. Und endlich die Entscheidung fällen, die sie von ihren Problemen befreien würde. Im Grunde war es ganz simpel.

Denn eigentlich hatte sie nur zwei Möglichkeiten.

Nach einem reichhaltigen Frühstück ging sie zurück aufs Zimmer, zog ihre Wanderschuhe an, hängte sich eine leichte Jacke über den Arm und griff sich die Autoschlüssel. Dann ging sie nach unten.

Schon von weitem sah sie den Briefumschlag, der unter den Scheibenwischer geklemmt war. Als sie ihn öffnete, hielt sie die Luft an, und ihre Finger zitterten leicht.

Glaubst du, du kannst dich vor mir verstecken?
Vor der Polizei? Oder vor dir selbst?
Warum meldest du dich nicht?
Was ist los mit dir?

Gleiche Schrift wie der Zettel unter der Tür. Und wieder kein Name. Wie betäubt setzte sie sich ans Steuer und startete den Mini. Einen Moment blieb sie bei laufendem Motor still sitzen.

Polizei? Was sollte dieser Hinweis? Weshalb sollte sie sich vor der Polizei verstecken?

Vielleicht doch – Harald?

Ihr Mann war Polizist. Sollte er doch hinter diesen Briefen stecken? War er ihr gefolgt?

Sie wurde unruhig, fühlte sich beobachtet. Woher wusste er, wo sie sich aufhielt? Und wenn ja, warum spielte er solch kindische Spielchen? Er war doch ein erwachsener Mann und könnte sie persönlich ansprechen. Aber wer kannte schon die Männer?

Sie versuchte einen kühlen Kopf zu bewahren. *Nein!*, entschied sie. Harald traute sie das nicht zu. Wer aber spielte dieses Spiel mit ihr?

Mit einem Mal durchfuhr sie ein Schreck. Es gab noch eine andere Möglichkeit.

Die unangenehmste.

Wenn *er* es nun war?

Eigentlich kannte sie ihn nicht wirklich. Nach diesem Tag Mitte Februar hatte er ihr noch eine Zeitlang nachgestellt. Er hatte auf ihrem Handy angerufen. Sie konnte sich nicht erklären, woher er die Nummer hatte. Immer wieder rief er an, bis sie sich schließlich eine andere Nummer besorgt hatte. Dann war er ihr wie zufällig im Supermarkt begegnet und hatte sie bedrängt, war ihr gefolgt, wollte sie wieder treffen. Zum Schluss hatte er ihr gedroht, unverhohlen.

Völlig überraschend hatten die Kontaktversuche ein Ende gefunden. Von einem Tag auf den anderen hatte sie nichts mehr von ihm gehört und schon frohlockt, sich gefreut und gehofft, er hätte aufgegeben.

Fing diese Geschichte nun wieder an? Sie war nicht sicher, denn das mit den Briefen war neu. Geschrieben hatte er ihr noch nie. Und: Woher wusste er überhaupt, dass sie in der Rhön war?

Sie erschauderte. Würde das nicht bedeuten, dass er sie die ganze Zeit beobachtet hatte? Ihr ständig auf den Fersen war? Das machte die Sache unberechenbar. Es war zum Gruseln.

Mit einem Mal war die Wirkung des erholsamen Schlafes wie weggeblasen. Verschwunden die sich langsam bessernde Stimmung. Die Unsicherheit der letzten Tage ergriff sie wieder, die Verzweiflung, die Ausweglosigkeit.

Und die Angst.

Unschlüssig schaltete sie den Motor wieder aus. Sie schloss die Augen und versuchte ruhig und gleichmäßig zu atmen. Für einige Minuten blieb sie still hinter dem Lenkrad sitzen. Dann gab sie sich einen Ruck und stieg aus dem Wagen. An der Rezeption kam Melissa, die junge Frau vom Service des Gasthofs, auf sie zu. „Kann ich etwas für Sie tun?"

Atemlos überfiel sie die Frau: „Sagen Sie, hat in den letzten Tagen jemand nach mir gefragt?"

Die Frau überlegte. Dann schüttelte sie den Kopf. „Gefragt? Nein, niemand. Jedenfalls nicht mich. Aber wenn Sie möchten, höre ich mal bei meinen Kolleginnen und Kollegen nach. Ich bin bis achtzehn Uhr hier, fragen Sie dann noch einmal, vielleicht weiß ich dann mehr." Die junge Frau bemerkte Roberta Reichards gedämpfte Stimmung und musterte sie besorgt. „Stimmt etwas nicht?"

„Nein, nein, alles in Ordnung. War nur so eine Idee. Aber Sie können ja trotzdem mal nachfragen." Sie wandte sich wieder dem Ausgang zu. „Ich bin heute ein bisschen unterwegs", rief sie über die Schulter. „Möchte ein wenig wandern. Ich komme dann heute Abend auf Sie zu."

„Ja, tun Sie das. Ich wünsche Ihnen einen schönen Tag in der Rhön."

„Danke. Ich hoffe, das Wetter hält."

Das gute Wetter hielt an. Allerdings auch das Spiel mit den seltsamen Nachrichten. In den folgenden Tagen wurden sie drängender, aggressiver. Das machte Roberta noch nervöser. Kurz erwog sie, den Gasthof zu wechseln, doch was sollte das bringen? Wenn ihr jemand hierher gefolgt war, würde er sie auch woanders finden. Und die Polizei? Wenn sie die hinzuzog, würde nur ihr Mann auf den Plan treten, und das wollte sie um jeden Preis vermeiden.

Sie beschloss, spätestens am Sonntagabend ihre Entscheidung zu treffen. Dann müsste sie damit klarkommen, so oder so. Das war sie sich und vor allem ihrem Mann schuldig.

Der letzte Zettel allerdings brachte sie aus der Fassung. Danach hatte sie von Harald geträumt.

Ein Albtraum.

Sie träumte, wie ihr Mann mit hochrotem Kopf und

hasserfülltem Gesicht auf ihrem Körper kniete und ihr mit
brutalem Würgegriff die Kehle zudrückte.

Das ist deine letzte Chance.
Wenn ich dich je wieder lieben soll, dann melde dich.
JETZT UND SOFORT.
Wenn nicht, kommt dich der Teufel holen.

Sonntagabend, 19. Juli
Seiferts in der Rhön

15

Als an diesem Abend Roberta Reichard den Gastraum betrat, fiel der jungen Bedienung doch noch etwas ein. Sie winkte der Frau des Kommissars, bevor sie sich an einen Tisch setzen konnte, und bat sie, mit vor die Tür zu kommen.

„Sie hatten mich doch neulich gefragt, ob sich jemand nach Ihnen erkundigt hätte?"

Roberta Reichard schaute überrascht. „Ja und? Hat sich doch noch jemand erinnert?"

„Ja und nein. Mir ist da plötzlich wieder etwas eingefallen. Es hat zumindest jemand nach einer Frau gefragt."

„Aha." Robertas Interesse stieg. „Und das bedeutet?"

„Kann ich nicht sagen. Ich dachte nur, es könnte Sie vielleicht interessieren." Melissa besah sich die rothaarige Frau eingehend. „Darf ich Sie mal was fragen? Ich möchte Ihnen nicht zu nahe treten – aber hatten Sie vor kurzem noch längere Haare? Und eine andere Haarfarbe, vielleicht etwas dunkler?"

Frau Reichard staunte. „Woher wissen Sie das?"

„Ich weiß das nicht, aber der Mann, der nach der Frau gefragt hat, hat ein Foto dabeigehabt. Und wenn ich Sie genauer anschaue, könnten Sie das gewesen sein." Sie errötete leicht. „Obwohl Ihnen die neue Frisur viel besser steht."

„Vielen Dank." Roberta lächelte. Sie fuhr sich mit der

Hand durch ihre kurzen Haare, dann wechselte sie das Thema. Ihr Interesse war nun geweckt. „Haben Sie diesen Mann noch einmal gesehen? Wo ist er jetzt?"

„Er hat hier ein Zimmer. Heute habe ich ihn allerdings noch nicht gesehen."

Frau Reichard staunte. Harald sollte hier sein? Warum – wenn er es tatsächlich war – kam er nicht persönlich zu ihr? Wollte er ihr Angst machen? Wenn das seine Absicht war, nun, dann hatte er es geschafft.

„Dieser Mann. Wie sieht er aus?", fragte sie hastig.

„Er ist eher ein hagerer, sehniger Typ. Schlank, aber durchaus kräftig." Ein leicht anzügliches Lächeln erschien auf Melissas Gesicht. „Nicht mehr ganz taufrisch, aber trotzdem ganz gut aussehend."

„Seine Haare?"

„Zurückgekämmt. Werden langsam silbrig. Ansatz zu leichten Geheimratsecken. Auf den ersten Blick ein ziemlich netter Typ, freundlich und immer einen flotten und witzigen Spruch zur Hand. Aber in seinen Augen funkelt auch etwas Hartes. Ärger möchte ich nicht unbedingt mit ihm haben."

Als sie weitersprach, zeigte sich erneut Besorgnis im Gesicht der Bedienung. „Haben Sie Ärger mit ihm? Soll ich Hilfe holen?"

In Roberta Reichards Kopf kreisten die Gedanken. Das war nicht Harald. Sie hatte nicht die blasseste Ahnung, wer dieser Mann sein könnte. Sie beschloss, erst einmal abzuwarten. Solange sie sich nicht aus der Gaststube bewegte, konnte ihr nichts passieren.

„Nein", entschied sie deshalb. „Lassen Sie nur. Ich sage Bescheid, wenn ich Hilfe brauche."

Das Geräusch eines Wagens lenkte den Blick der beiden Frauen auf die Straße vor dem Gasthof. Ein dunkelblaues Auto stand mit laufendem Motor in der Nähe des Treppenaufgangs zur Gaststube. Die Beifahrertür wurde geöffnet und eine blonde Frau stieg aus. Sie nahm eine Reisetasche vom Rücksitz, verabschiedete sich von der Fahrerin und ging auf die Treppe zu.

Roberta Reichard schaute überrascht. „Was machen *Sie* denn hier?"

Jeannette grinste. „Ich habe mich entschieden, doch noch ein paar Tage in der Rhön zu bleiben. Meine Freundin muss aber morgen wieder arbeiten, und ich möchte ihr keine Ungelegenheiten machen. Außerdem", sie lächelte Roberta Reichard an, „Sie haben die Küche hier so überschwänglich gelobt." Jeannette stellte die Reisetasche ab und streckte Frau Reichard die Hand hin.

Die Frau des Kommissars schien erleichtert zu sein, ja, fast erfreut. „Da könnten Sie mir beim Abendessen Gesellschaft leisten. Ich kann Ihnen bestimmt einiges empfehlen. Was meinen Sie?"

„Sehr gerne." Jeannette schaute auf die Uhr. Halb sieben. „Dann sollten wir nicht so lange warten. Ich habe Hunger wie ein Wolf."

„In einer Viertelstunde?"

„Prima. Bis dann."

Die rothaarige Frau verschwand in der Gaststube.

Melissa musterte Jeannette. „Sie möchten in der Rhön bleiben, habe ich das richtig verstanden?"

„Ja. Ich würde gerne bei Ihnen übernachten."

„Hatten Sie reserviert? Wir sind nämlich bis übernächste Woche ausgebucht."

„Reserviert? Gewissermaßen. Mein Freund hat hier ein Zimmer. Ich würde gerne bei ihm wohnen. Das geht doch, oder?"

„Wie heißt denn Ihr Freund?"

„Karlo Kölner."

Karlo Kölner. Der mysteriöse Fremde, der nach der Rothaarigen gefragt hatte. Melissa schaute misstrauisch.

„Ja", gab sie zögerlich zu. „Der wohnt hier."

„Dann kann ich also sein Zimmer mit belegen?"

„Ja, das geht schon", stotterte die junge Frau. „Sie müssten dann eben ein Doppelzimmer bezahlen."

„Natürlich, das ist mir schon klar." Jeannette bemerkte Melissas zögerliche Haltung. „Ist sonst noch etwas?" Sie spürte die unausgesprochenen Bedenken der Hotelangestellten. Jeannette kam Karlos Hang zum weiblichen Hotelpersonal in den Sinn. Er hatte doch nicht schon wieder … „Ist etwas nicht in Ordnung?", fragte sie argwöhnisch.

„Na ja", druckste die Angestellte, „es ist nur so – ich möchte jetzt nichts Falsches sagen, aber Herr Kölner hat nach Frau Gerhard gefragt und ein Bild von ihr herumgezeigt. Und jetzt bin ich nicht sicher, was …"

Gerhard. Reichard. Jeannette atmete auf. Sie musste lächeln. „Es ist alles in Ordnung", erklärte sie erleichtert. „Wir haben nach Frau Rei … äh, Gerhard gesucht. Und sie jetzt auch gefunden. Eine rein private Geschichte. Glauben Sie mir. Alles ist bestens – obwohl, ich gebe zu, ein wenig verzwickt ist es schon. Dann kann ich jetzt einchecken? Da sehen Sie auch meinen Ausweis."

Melissa atmete tief durch und ging zur Rezeption. Jeannette warf ihre Reisetasche über die Schulter und folgte ihr.

Minuten später klopfte es an Karlos Zimmertür. Karlo war begeistert, als er seine Freundin sah.

Es wurde deshalb alles andere als leicht, ihn davon zu überzeugen, auf dem Zimmer zu bleiben. Jeannette wollte unter allen Umständen alleine mit Frau Reichard reden. Jetzt, wo sich alles so perfekt gefügt hatte.

„Was stellst du dir vor?", lamentierte er. „Ich hab auch Hunger, und dachte, wir könnten später ..."

„Dann bestell dir eben was auf's Zimmer. Das ist bestimmt kein Problem. Aber nur zu essen, hörst du? Finger weg vom Personal."

Als sie Karlos beleidigtes Gesicht sah, wiegelte sie ab. „War ein Scherz. Ich möchte Frau Reichard nicht beunruhigen. Außerdem ist in dieser Situation ein Gespräch von Frau zu Frau angesagt. Wenn da so ein testosterontriefender Kerl mit am Tisch sitzt, sich volllaufen lässt und seine neugierigen Ohren spitzt, ist das nicht hilfreich."

„Testosterontriefend?" Karlo war beleidigt. „Dass ist ja die Höhe. Diesem Hormon verdankst du deine glücklichen Nächte." Er verzog enttäuscht den Mund. „Aber ich hab schon verstanden. Ich bleib auf dem Zimmer."

„Gut. Dann bis später."

„Bis später."

—

Jeannette löffelte mit Mühe die letzten Reste des Nachtischs vom Teller. Nun war sie pappsatt.

Sie hatte nach dem Essen noch zwei Birnenbrände bestellt. Den Schnaps benötigte sie dringend wegen des überladenen Magens. Ihre neue Bekannte wehrte allerdings ab, als die Bedienung ihr das klare Getränk vor die Nase stellte. „Lieber nicht. Ich hatte doch schon ein Bier. Und ich ...", überlegte sie unsicher, „... ich vertrage nicht so viel im Moment."

„Soll ich den Schnaps wieder mitnehmen?", bot die Bedienung an.

„Nein, schon gut, lassen Sie ihn nur stehen." Jeannette hielt sich den vollen Bauch. „Ich kann ihn gut gebrauchen."

„Danke. Darf es sonst noch etwas sein?"

Jeannette schaute Roberta Reichard fragend an.

„Eine Apfelschorle vielleicht?"

„Dann bitte noch eine Apfelschorle und ein Bier."

Die Bedienung verschwand, Jeannette hob ihr Glas. „Prost. Da fällt mir ein: Wir haben uns noch gar nicht vorgestellt. Ich bin Jeannette, Jeannette Müller."

„Roberta Reichard."

Jeannette schmunzelte. „Prost, Roberta."

„Lass es dir schmecken, Jeannette."

„Jetzt erzähl mal, Roberta. Dir liegt doch was auf der Seele."

„Merkt man das so sehr? Na, kein Wunder. Ich habe ein Problem. Ein richtiges Problem."

„Dann lass mal hören. Vielleicht kann ich dir ja helfen. Manchmal tut es gut, einfach zu reden."

„Das glaube ich kaum", kam es matt zurück. Dann aber straffte sich Roberta und begann zu erzählen. „Na gut. Also, angefangen hat es mit der Fehlgeburt. Mein Mann und ich, wir hatten uns so auf das Kind gefreut. Und von einem Tag auf den anderen war alles vorbei. Ich war am Boden zerstört, hatte wochenlange Depressionen. Mein Mann blieb guten Mutes und hat mir immer beigestanden. Er wollte, dass wir es noch einmal versuchen. Doch genau das war der Fehler.

Ich hatte panische Angst vor einer neuen Schwangerschaft. Die Pille lehne ich ab. Man hört zu viel Negatives darüber. Und so kam es, dass wir eine ganze Zeit keinen Sex mehr hatten. Also, überhaupt nicht. Das belastete uns beide ganz schön. Vor allem aber meinen Mann. Ich hatte auch Angst, ich könnte trotz Kondomen schwanger werden. Da war einfach nur noch diese panische Angst.

Eines Tages kam mein Mann auf die Idee, er könne eine Vasektomie bei sich machen lassen, also eine ..."

„Schon gut, ich weiß, was das ist."

„Entschuldigung. Ich wollte dich nicht – ach, egal. Jedenfalls meinte er, dann könne absolut nichts mehr passieren. Und er hat das dann tatsächlich gemacht. Für mich. Obwohl er furchtbar gerne Kinder gehabt hätte. Danach ist es besser geworden. Wir schliefen wieder miteinander, aber es war anders als vorher. Es war irgendwie – kühler. Irgendwann aber habe ich gemerkt, dass es ein schwerer Fehler war, ein Missverständnis. Nicht nur, weil Harald so gerne Kinder gehabt hätte. Auch bei mir veränderte sich mit der Zeit einiges. So panisch ich nach der Fehlgeburt Angst vor einer erneuten Schwangerschaft hatte, so innig wünschte ich mir plötzlich wieder ein Baby. Insgeheim gab ich Harald die Schuld, dass es nun nicht mehr ging. Das war natürlich ungerecht, das weiß ich. Aber das Gefühl war trotzdem da."

Sie machte eine Pause, schien unschlüssig zu sein, ob sie weiterreden sollte. Jeannette schwieg und wartete geduldig ab. Lange Minuten war Roberta verstummt und saß mit gesenktem Kopf am Tisch.

Plötzlich brach es aus ihr heraus. „An Fasching ist dann das Unglück passiert." Sie lachte bitter auf. „Es war wie im Bilderbuch. Das totale Klischee. Harald macht sich nichts

141

aus Fasching. Ich finde das ganz nett und war mit einer Freundin in Mainz beim Rosenmontagszug. Wir haben es zuerst nicht gemerkt, ein Gläschen hier, ein Gläschen da, und plötzlich waren wir sturzbetrunken. Dann musste meine Freundin mal aufs Klo, und irgendwie haben wir uns aus den Augen verloren. Da stand ich nun in Mainz, mutterseelenalleine, es war schon dunkel, und ich war blau wie eine Kornblume.

Tja. Und plötzlich stand er vor mir."

„Wer?", hauchte Jeannette, die gebannt zugehört hatte.

„Na, *er* eben. Der Mann, auf den ich immer gewartet hatte." Wieder machte sie eine Pause. „Dachte ich."

„Und?"

„Keine Ahnung."

„Was soll das heißen?"

„Ich weiß es nicht. Das Letzte, an das ich mich erinnern kann, ist diese Absteige. Ich lag im Bett. Allein. Ich fühlte sofort, was passiert war. Eigentlich war ich ganz froh, dass er weg war. Aber dann habe ich seinen Brief auf dem Nachttisch gefunden. Dass er mich liebt, aber dringend zur Arbeit muss. Und dass er mich nicht wachbekommen hat. Er hat mir seine Telefonnummer hinterlassen. Ich solle ihn unbedingt zurückrufen."

Sie blickte verzweifelt an die Decke. „Mein Gott!", rief sie aus. „Ich war eben total betrunken. Ich habe mich furchtbar geschämt, vor allem Harald gegenüber."

„Du hast es ihm erzählt?"

„Natürlich nicht. Was denkst du denn? Ich habe ihn noch am Morgen angerufen und gesagt, ich hätte bei meiner Freundin geschlafen."

„Hat er das geglaubt?"

„Ich hoffe es. Vielleicht wollte er es auch glauben. Er ist einfach eine gute Seele."

„Dann gibt es doch kein Problem."

„Eben doch. Man sieht es nur noch nicht richtig. Deshalb habe ich auch ziemliche Probleme mit dem Rücken. Das kommt von der Lage, sagt mein Arzt."

„Welche Lage? Was meinst du?"

„Ich bin schwanger."

„Oh, oh, oh!"

„Genau. Und jetzt sitze ich hier in der Rhön und weiß nicht, was ich machen soll. Ich habe eine Adresse von einer Privatklinik, die illegale Abtreibungen macht. Auch jetzt noch, in diesem Stadium. Aber ich habe ehrlich gesagt Angst davor. Und nun werde ich auch noch mit diesen Zetteln bedroht."

„Welche Zettel?"

Roberta erzählte von den Drohungen und von dem Unbekannten, der nach ihr gefragt hatte.

Jeannette lachte erleichtert. „Da kann ich dich beruhigen. *Der* will nichts von dir, ganz bestimmt nicht."

„Du kennst ihn?"

„Du kennst ihn auch. Er ist mein Freund. Karlo Kölner."

Roberta schaute verständnislos. „Und warum schreibt der mir solche Zettel?"

„Die Zettel sind natürlich nicht von ihm. Er ist ein Freund von Georg Gehring, dem Ex-Chef deines Mannes, du weißt schon. Karlo war sogar vor einigen Jahren bei dir zu Hause, hat er mir erzählt."*

Roberta lauschte mit großen Augen. Dann fiel es ihr wie Schuppen von den Augen. „Du weißt schon die ganze Zeit, wer ich bin? Und – natürlich, der Herr Kölner. Ihr habt mich gesucht? Hat Harald euch …"

*Geschenke für den Kommissar
Karlo Kölners sechster Fall

„Ist doch egal. Auf jeden Fall ist dir nichts passiert. Das ist für deinen Mann bestimmt das Wichtigste. Und jetzt zeig mir mal diese ominösen Zettel." Dann kam ihr eine Idee. „Hast du dich nie gefragt, ob die Drohungen nicht von dem Typen vom Rosenmontag sein könnten?"

„Eigentlich schon. Er hat mir ja auch eine Weile nachgestellt. Das war fast schon Stalking." Sie schaute betrübt. „Aber vielleicht sind die Zettel ja auch von Harald. Weil er sich nicht erklären kann, warum ich weg bin von zu Hause."

„Das werden wir schon rauskriegen. Jetzt pass mal auf: Du holst jetzt diese Zettel. Ich rufe Karlo auf seinem Zimmer an, dass er zu uns kommen soll, und wir gucken uns das Ganze zusammen an. Soll ich heute Nacht bei dir im Zimmer schlafen? Es wird besser sein, wenn du nicht alleine bist, morgen rufen wir dann die Polizei. Und das mit deinem Mann lass mich regeln. Zumindest möchte ich es versuchen."

Roberta schaute nicht überzeugt, war aber sichtlich erleichtert. „Gut. Dann geh ich mal nach oben und hole diese Schmierereien. Bis gleich."

Jeannette zückte das Handy und rief Karlo an. Es dauerte keine Minute, da saß Karlo am Tisch. Ein Bier hatte er auch schon bestellt. Nach einer Viertelstunde hatte er das Glas leer, ein zweites war gerade im Anrollen. Jeannette klärte ihn unterdessen über Robertas Dilemma auf.

Als sie geendet hatte, pfiff er durch die Zähne. „Mann, Mann, Mann. Das ist ja ein Ding! Da schießt Reichard nur noch mit Platzpatronen und seine Frau kriegt trotzdem einen Treffer ab. Das wird ihm nicht gefallen."

„Vielleicht kann er es ihr ja verzeihen. Ich werde mal veruchen mit ihm zu reden."

„Meinst du, das bringt was?"

„Vielleicht. Ich habe es ihr versprochen."

Plötzlich wurde Karlo unruhig. Etwas stimmte nicht. „Wo bleibt sie denn?"

Auch Jeannette wurde nervös. „Du hast recht. Vielleicht solltest du mal nachschauen? Nur zur Sicherheit, nicht, dass ihr etwas zugestoßen ist." Sie rief die Bedienung und fragte nach der Zimmernummer.

„Gut", stieß Karlo aus. „Das ist ja direkt neben meinem Zimmer. Bis gleich."

„Sei vorsichtig."

„Schon klar."

Die Bedienung wurde hellhörig. „Stimmt was nicht?"

„Das werden wir gleich wissen", entgegnete Jeannette. „Kommen Sie mit, wir gehen lieber hinterher."

—

Er saß im Dunkeln auf dem geschlossenen Toilettendeckel und kippte fast vornüber. Die Augen waren ihm bereits mehrmals zugefallen. Wo blieb diese untreue Schlampe so lange? Was hatten die da unten zu beratschen? Weibergewäsch. Aber sie würde für ihre Verlogenheit büßen.

Da hörte er, wie die Tür geöffnet wurde. Vorsichtig stand er auf. Sie würde sich nicht vor ihrer Abendtoilette hinlegen wollen. Er würde sie hier im Bad empfangen.

Licht drang unter der Toilettentür durch. Sie hatte die Deckenbeleuchtung eingeschaltet.

Leise Schritte. Etwas raschelte. Dann wieder Schritte. Das Licht erlosch wieder. Verflucht, was war das?

Er musste reagieren!

—

Vor ihrem Zimmer zückte Roberta den Schlüssel. Sie steckte ihn ins Schloss und versuchte ihn zu drehen. Es ging nicht. Sie drückte die Klinke.

Das Zimmer war offen.

Verdammt!

Hatte sie vergessen abzuschließen? Sie schüttelte den Kopf. Wie nachlässig.

Vor allem in dieser Situation.

Sie betrat das Zimmer und schaltete das Licht ein. Dann ging sie zum Nachttisch und nahm die Zettel aus der Schublade. Schnell ging sie zurück zur Tür und löschte das Licht. Da hörte sie ein Geräusch hinter sich.

Sie erstarrte.

Ihre Hand fand den Lichtschalter, das Deckenlicht flammte wieder auf. Sie wirbelte herum. Sie wusste dieses Gefühl nicht zu deuten, das sie in diesem Moment empfand. War es Erleichterung, einen Bekannten zu sehen? Machte sie sich bloß Mut? War es die Tatsache, dass endlich überhaupt etwas geschah? Jedenfalls entspannte sie sich.

„Ach, du bist das nur."

Das waren die falschen Worte.

Sie spürte nur noch den harten Griff einer Hand an ihrem Hals. Der Zimmerschlüssel wurde ihr aus der Hand gerissen. Nachdem er die Tür abgeschlossen hatte, zerrte er sie mit sich. Ein brutaler Stoß beförderte sie aufs Bett. Für einen Moment war sie im freien Fall.

Dann spürte sie wieder die Hände an ihrem Hals.

—

Karlo hastete die Treppe hinauf. Die beiden Frauen folgten ihm auf dem Fuß. Vor Robertas Zimmer blieben sie stehen. Jeannette klopfte. „Roberta? Alles in Ordnung?" Ein leises Stöhnen war zu vernehmen. Karlo schaute in die Runde. Er drückte die Klinke. Abgeschlossen.

Er trat drei Schritte zurück. Melissa schaute ihn mit großen Augen an. „Halt. Ich hab einen ..."

Mit lautem Krachen flog die Tür auf. Karlos gezielter Tritt unterhalb der Klinke zeigte brachiale Wirkung.

„... Schlüssel." Die Hausangestellte hielt einen Schlüsselbund hoch. Karlo hatte keinen Blick für das erschrockene Gesicht der Frau.

Roberta Reichard lag rücklings auf dem Bett. Ihre Hose war heruntergezerrt worden, die Bluse hing in Fetzen neben ihrem Oberkörper. Auf ihr kniete ein Mann, der den Eindringlingen erhitzt und mit hochrotem Kopf entgegenstarrte. Mit der einen Hand presste er sie auf die Matratze, die andere war um den Hals von Reichards Frau gelegt. Sie hatte die Augen weit aufgerissen.

Mit zwei Sprüngen war Karlo bei ihm. Er packte ihn mit beiden Händen an den Schultern. „Loslassen! Lass die Frau los, du Mistkerl!"

Der Mann richtete sich auf, ließ los und versuchte, Karlo mit einem Schlag abzuwehren. Karlo wich zur Seite aus und schlug zu. Der Handkantenschlag traf den Mann in den Nacken. Er sackte zusammen und blieb quer über Roberta liegen. Karlo packte ihn und zog ihn auf den Boden vor das Bett. Er fühlte Robertas Puls. „Sie lebt. Einen Notarzt. Schnell. Und irgendwas zum Fesseln. Wir müssen ihn ruhigstellen, bis die Polizei da ist."

Ein Keuchen ließ die drei Helfer zusammenfahren. Ro-

147

berta hatte sich aufgesetzt. Sie hustete und hielt sich den Hals. „Alles gut", krächzte sie mit rauer Stimme. „Bitte keinen Arzt." Sie schaute Karlo Kölner an. „Aber knapp war das schon. Hätten Sie nicht zehn Minuten früher kommen können?"

„Kein Arzt? Sind Sie sicher? Wir sollten aber ..."

„Nein. Ganz sicher."

Bei Jeannette überwog mit einem Mal die Neugierde. Sie deutete auf den am Boden liegenden Angreifer. „Ist das der Typ von Fasching?"

„Ja. Das ist er. Keine Ahnung, wie er mich finden konnte. Und vor allem, was er sich vorgestellt hat."

„Vielleicht erzählt er es ja der Polizei."

Melissa war mittlerweile mit einem zusammengerollten Stück Wäscheleine erschienen. „Reicht das?"

„Klar", Karlo verzog das Gesicht und rieb seine schmerzende Handkante. „Dann wollen wir den Bullen mal ein Paket schnüren." Er nahm Roberta noch einmal ins Visier. „Ist wirklich alles okay?"

„Ja. Ich will jetzt nur noch eins."

„Was?", kam es im Chor.

„Einen Schnaps trinken. Und mit meinem Mann telefonieren."

„Vielleicht solltest du dich ab jetzt ein wenig zurückhalten?" Jeannette schaute besorgt. „Du bist schwanger, und je nach dem, was du nun vorhast ..."

Roberta stand der Schreck im Gesicht. „Du hast recht." Sie schluckte. „Aber mit meinem Mann muss ich sprechen. Das wäre mir mit einem Schnaps bestimmt leichter gefallen."

—

Reichard war erschöpft. Er hatte das Buch auf den Nachttisch gelegt und das Licht gelöscht. Es fiel ihm schwer sich
zu konzentrieren. Er fühlte sich alleine, die Stille in der
gemeinsamen Wohnung lähmte ihn. Sogar ein Streit mit
Roberta wäre ihm lieber als dieses Gefühl des Verlassen-
seins. Ganz abgesehen davon, dass trotz aller Erschöpfung
an Schlaf nicht zu denken war.

Er warf sich auf die andere Seite, klemmte sich die
Decke zwischen die Beine und krümmte sich zusammen. Er
schloss die Augen und hoffte auf den erlösenden Schlaf. Je
mehr er den Schlaf herbeisehnte, desto unruhiger wurde er.
Das Klingeln des Telefons zerschnitt die Stille.

Reichards Herz begann schneller zu schlagen. Ein Anruf
um diese Zeit? Das konnte nichts Gutes bedeuten. Ent-
weder waren das die Kollegen oder seiner Frau war etwas
zugestoßen. Was letztendlich auf das Gleiche hinauslief,
dachte er bitter. Reichard rollte sich aus dem Bett, nahm
sich das Mobilteil, das auf der Kommode lag, und meldete
sich.

„Reichard?" Er lauschte ängstlich. Nur ein leises Atmen
drang an sein Ohr. „Hallo? Wer ist denn da? Melden Sie
sich."

Das Atmen wurde stärker.

Dann ein heiseres Krächzen. „Harald? Bist du das?"

„Roberta!"

Reichards Pulsschlag erhöhte sich. „Roberta, wo bist du?
Wie geht es dir? Was ist denn geschehen? Warum bist du
einfach …"

„Nicht am Telefon. Morgen, Harald, morgen. Kannst du
morgen zu mir kommen? Ich glaube, ich muss dir einiges
erklären."

„Natürlich komme ich zu dir", rief er aufgeregt. „Ich nehme mir einfach frei. Wo bist du? Ich fahre sofort los!"

„Nein, nein. Bitte, nicht mehr heute. Ich muss jetzt dringend schlafen. Morgen um zehn, zum Frühstück in der Rhön?"

„In der Rhön?"

„Hast du was zu schreiben?"

Mit fliegenden Fingern notierte sich Reichard die Adresse des Rhönschaf-Hotels in Seiferts.

Montagmorgen, 20. Juli
Seiferts in der Rhön

16

Reichards Pünktlichkeit war seiner Aufregung geschuldet. Hinter der Autobahnabfahrt Fulda Mitte hatte er sich hoffnungslos verfahren, sonst wäre er eine gute Stunde zu früh vor dem Rhönschaf-Hotel in Seiferts angekommen. Auf diese Weise wurde er immerhin von seinen Sorgen und Ängsten abgelenkt, die ihn in der Nacht bedrückt hatten und die ihm auch während des neuen Tages unangenehme Begleiter geblieben waren.

Doch nun saß er endlich seiner Frau gegenüber am Frühstückstisch und konnte die Augen nicht mehr von ihr lassen. Sie sah unglaublich gut aus mit ihrer neuen Frisur, empfand Reichard, so frisch, so begehrenswert, so fremd und so neu – und doch überaus vertraut. Ein wohliger Schauer durchfuhr den Kommissar.

Doch da war noch etwas anderes. Etwas, das störte.

Trauer? Furcht? Bedauern? Beklemmung? Und – Scham?

Er kannte diese Gefühlsmischung aus vielen Verhören. Meistens kündete sie von einem baldigen Geständnis. Mit dem Unterschied, dass Reichard hier nicht so recht einschätzen konnte, was auf ihn zukam.

Schon kurz nachdem die beiden am Tisch Platz genommen hatten, waren bei Roberta alle Dämme gebrochen und sie hatte begonnen zu reden. Der Kommissar hatte während des Monologs seinen verliebten Blick nicht von ihr nehmen können.

„So", endete Roberta mit einem tiefen Seufzer. „Nun weißt du alles. Ich nehme an, du wirst mich jetzt verabscheuen. Und das mit Recht."

Roberta Reichard senkte den Kopf und tupfte sich mit einem Papiertaschentuch die Tränen aus dem Gesicht.

Bedächtig trank Harald Reichard seine Tasse leer. Die vierte Tasse Kaffee an diesem Morgen war inzwischen lauwarm geworden. Sein Blick schweifte über das reichhaltige Frühstücksangebot, das noch immer unangetastet in der Mitte des Tischs wartete und blieb schließlich wieder an seiner Frau hängen.

Natürlich hatte der Kommissar in der Nacht keine Minute geschlafen. Entsprechend fühlte er sich.

Aufgedreht. Müde. Übernächtigt. Verwirrt. Nachdenklich. Nervös.

Und – glücklich.

„Das war alles?"

„Reicht das nicht?"

„Eigentlich schon. Aber – ich muss dir ebenfalls etwas gestehen, Roberta."

„Etwas Schlimmes?"

„Das kommt auf den Blickwinkel an."

„Eine andere Frau?"

„Sei nicht albern."

„Was ist es dann?"

„Möchtest du immer noch gerne ein Kind?"

„Natürlich, gerne, aber nicht auf diese ..."

Gehring unterbrach seine Frau mit einer flüchtigen Handbewegung.

„Erinnerst du dich an diese zwei Tage? Es müsste ungefähr ein dreiviertel Jahr her sein", begann er umständlich seine Erklärung. „Diese zwei Tage, an denen ich mit Gehring in Hamburg war?"

„Ja, natürlich."

„Nun, ich habe dich angelogen. Ich war nicht mit Georg in Hamburg."

„Also doch." Robertas Enttäuschung war mit Händen zu greifen. „Du bist eben auch nur ein Mann."

„Was heißt hier *nur*?" Reichard schüttelte ungeduldig den Kopf. „Jetzt warte doch erst einmal ab. Ich war nicht in Hamburg, sondern in Bad Homburg. Und zwar im Krankenhaus."

Roberta erschrak. „Im Krankenhaus?"

„Ganz ruhig. Es gibt keinen Grund zur Beunruhigung. Weißt du, ich hatte schon lange hin und her überlegt. Wir waren doch beide mit unserer Situation unzufrieden. Da habe ich mich entschlossen, es einfach zu versuchen. Ich habe ganz bewusst nichts davon erzählt, um dich nicht enttäuschen zu müssen, im Falle es nicht funktioniert hätte. Denn der Eingriff gelingt ja bei weitem nicht immer. Aber den Versuch war es auf jeden Fall wert. Und – ja, es ist in der Tat geglückt."

„Jetzt spann mich nicht so auf die Folter, Harald. Was ist geglückt? Ich verstehe das Ganze nicht und ..." Doch plötzlich bekam Roberta große Augen. Mit einem Mal begriff sie, was Harald ihr mitteilen wollte. Sie schluckte schwer. Dann schaute sie ihren Mann ungläubig an. „Du willst sagen, du hast ..."

„Ja. Ich habe die Vasektomie rückgängig machen lassen. Für uns."

„Das könnte ja heißen, dass ..." Sie legte die Hand auf ihren Bauch und schaute ihren Mann voller Hoffnung an.

„Genau. Es könnte von mir sein."

„Und wenn nicht?"

„Ich weiß nicht. Vielleicht werde ich eine Zeit brauchen, um alles zu verarbeiten. Aber wir müssen ja nicht unbedingt danach fragen, wenn ich es recht bedenke."

„Du meinst ..."

Reichard stand stumm auf, umrundete den Tisch, ging vor seiner Frau in die Hocke und ergriff ihre Hand. „Ich denke, das ist unser Kind", bekräftigte er. Seine Augen begannen urplötzlich verdächtig feucht zu glänzen. Er stand auf, ging zu seinem Platz, setzte sich und räusperte sich ausgiebig.

„So, und jetzt lass uns endlich frühstücken."

—

In der Nacht hatte die Polizeistation in Hilders einen Funkwagen geschickt. Die Beamten hatten den Vorfall aufgenommen, die Personalien aller Beteiligten festgestellt und Robertas rabiate Faschingsbekanntschaft festgenommen.

Karlo hatte nach dem Frühstück die ehrenvolle Aufgabe übernommen, Robertas Mini nach Bergen-Enkheim zu fahren. Die beiden Reichards fuhren in des Kommissars Wagen. Es gab viel zu reden.

Gefrühstückt hatten Jeannette und Karlo auf dem Zimmer, um die Reichards nicht zu stören.

Am frühen Nachmittag stellte Karlo den Mini vor Reichards Wohnung ab und warf den Schlüssel in den Briefkasten.

Als er in Jeannettes kleinem Flitzer auf dem Beifahrersitz Platz nahm, fiel ihm Gehring ein.

„Vielleicht sollten wir noch bei Gehring vorbeifahren und ihm berichten. Wir haben in der ganzen Hektik völlig vergessen ihn zu informieren."

„Kannst ihn ja auch von zu Hause aus anrufen. Ich jedenfalls möchte jetzt heim. Mir reicht es erst einmal."

„Stimmt. Das mache ich, gleich wenn wir zu Hause sind. Ich habe auch genug. Wenn es unbedingt nötig ist, kann ich am Nachmittag bei ihm reinschauen."

Karlo streckte sich. „Und Hunger hab ich auch schon wieder."

Dienstagabend, 21. Juli
Im Clubheim in Frankfurt-Oberrad

17

Sehr viele Besucher waren nicht vor Ort an diesem Dienstagabend. Lediglich acht oder neun Leute hingen im Garten in Oberrad vor der Clubhütte herum und unterhielten sich. Unter ihnen auch Karlo Kölner und Karl Einser, der Polizist und Hundeführer. Peer Reinders stand wieder abseits und betrachtete erneut die neue Auspuffanlage an seiner betagten R100R mit verliebtem Blick.

Jochen Schwarz war auch da. Er hatte sich hinter dem Grill aufgebaut und beaufsichtigte eine große Anzahl Bratwürste, die mit ihrer Färbung dem Nachnamen des Grillmeisters allmählich alle Ehre erwiesen.

„Stell den Rost ein bisschen höher, sonst hast du gleich nur noch Brandopfer auf dem Grill", spottete Karlo und stibitzte sich eine Wurst. Vorsichtig, wegen der hohen Temperatur, biss er ein kleines Stück des gut durchgerösteten deutschen Phosphat-Ungeheuers ab, kaute genüsslich und schaute zufrieden in die Runde.

„Du musst diesen Monat auch noch zum TÜV." Karlo zuckte zusammen, als er die Stimme hörte. Karl Einser deutete auf das verdreckte Nummernschild an Karlos MZ-Gespann. Karlo verzog das Gesicht.

„Ist ja schon gut, Superbulle. Ich weiß. Aber ich muss erst noch die Bremsbeläge wechseln."

Einser bückte sich und begutachtete das Hinterrad. „Der Reifen ist aber auch nicht mehr das Gelbe von Ei. Das werden sie bestimmt anmeckern."

„Ja doch. Auch das."

Das heisere Röcheln eines schweren Motorradmotors vor dem Garten ließ die beiden aufhorchen. Karlo lief auf das Gartentor zu. „Ich mach auf."

Das Tor schwang auf, und Rolf Scheerer kam auf seinem neuen Gefährt in den Garten gerollt. Karlo drückte das Tor ins Schloss und ging zurück zu Einser. Wieder regte sich sein spezieller Verdacht, wie Scheerer an das viele Geld für das neue Gespann herangekommen sein könnte. Vorausgesetzt, Otto hatte ihm tatsächlich den Schein aus der Jacke geklaut.

Aber den konnte er nicht fragen.

„Sag mal, Karl, wo arbeitet Scheerer eigentlich?"

„In einer Firma auf der Hanauer Landstraße, glaube ich. Irgend so ein Lager. Warum fragst du?"

„Und da verdient man so viel?" Er schaute zu Scheerers Gespann.

„Frag ihn doch selbst. Bist du etwa neidisch?"

„Quatsch. Mir geht nur dauernd ein Gedanke im Kopf herum." Er winkte ab. „Ach, vergiss es einfach. Komm, wir trinken ein Bier. Wenn du es holst, geb ich einen aus." Einser verschwand sehr schnell und sehr dienstfertig in der Hütte.

Aus dem Augenwinkel betrachtete Karlo erneut das schöne Gespann. Scheerer stand daneben und zog sein Handy hervor. Er drückte ein paar Tasten, dann hielt er es ans Ohr. Sekunden später klingelte Karlos Handy.

Er hob ab. „Ja?"

„Endlich erreiche ich Sie. Sie hatten am Sonntag versucht mich anzurufen?"

„Wer ist denn da?"

Karlo hatte das Gefühl, die Stimme zweimal zu hören. Er und Scheerer schauten sich an. Dann lachten beide.

„Karlo. Du warst das also? Warum hast du am Sonntag aufgelegt?"

„Ist eine lange Geschichte. Ist was dazwischengekommen."

„Was hast du denn gewollt?"

Karlo nahm Scheerer beim Arm und zog ihn zur Seite. „Muss nicht jeder mitkriegen. Komm mal mit."

Sie verließen den Garten und schlenderten den Feldweg entlang Richtung Sachsenhausen.

„Ich hab gehört, du kannst Fleisch günstig besorgen?"

„Woher hast du das denn?"

„Von Harry Weber."

„Von der Bluesmühle?"

„Ja."

„Was brauchst du denn?"

„Was hast du denn?"

„Das kommt immer darauf an."

„Auf was?"

Scheerer wand sich ein wenig. „Na ja, aus dem Großmarkt ist es nicht gerade. Das heißt, eigentlich schon. Nur dass es vorher von der Rampe fällt."

Karlo grinste. „Du kennst also jemanden, der jemanden kennt, der ..."

„Genau."

„Das heißt, es ist immer ein Tagesangebot. Du hast nichts auf Lager?"

„Im Winter schon. Im Sommer weniger."

„Wie kann ich das verstehen?"

„Du musst aber versprechen, die Klappe zu halten."

„Ehrensache."

„Ich arbeite doch bei *MyPrivatStore*."

„Und?"

„Das ist eine Firma, die für Firmen und Privatleute Lagerraum zur Verfügung stellt. Das Problem ist, dass ich eigentlich einen Kühlraum bräuchte. Hab ich aber nicht. Und kann ich auch nicht bezahlen. In meiner Firma wird allerdings in einigen Räumen nicht geheizt, da ist es dann kalt genug, vor allem im Winter. Hoffe ich wenigstens. Manchmal haben wir Leerstand, dann bringe ich das Zeug in diesen Räumen unter. Aber das ist fast mal aufgeflogen. Danach hab ich dann angefangen, das Zeug in Umzugskisten zu packen und bei Dauermietern unterzustellen. Die tauchen nicht pausenlos auf, da fällt das nicht so auf, verstehst du?" Er grinste verlegen. „Aber auch da ist beinahe mal was schiefgegangen."

Karlo war schlecht geworden nach dieser Beichte. Angeekelt hakte er nach. „Schiefgegangen?"

„Ja. Ich war zwei Tage krank. Dummerweise hat genau in diesen zwei Tagen ein Mieter sein Lager geräumt. Der Blödmann hat nicht gemerkt, dass die Kiste nicht zu seinen Sachen gehört. Der wird sich sicher gefreut haben wie ein Schneekönig, als er die guten Sachen entdeckt hat."

Das bezweifelte Karlo allerdings stark.

„Und im Sommer hast du also keine Auswahl?"

„Na ja, manchmal schon. So ein, zwei Tage machen ja nichts aus, wenn es gut eingeschweißt ist. Was brauchst du denn eigentlich?"

Karlo schüttelte sich. Und sein Verdacht, woher Ottos „Leichenteile" stammen konnten, wurde konkreter. Aber was nützte dieses Wissen? Es nützte weder Otto, der immer noch ohne Bewusstsein war, noch ihm selbst.

Sollte er Scheerers unappetitliche Sache auffliegen lassen und ihn verpfeifen? Nein. Er beschloss einfach, die Sache auf sich beruhen zu lassen.

Erst einmal.

Und nichts mehr in der Bluesmühle zu essen.

Nie mehr!

„Ach, lass mal", beschied er Scheerer. „Momentan brauche ich nichts. Mir ging es um die Verpflegung für meine Geburtstagsfeier. Dauert aber noch. Ich sag dir auf jeden Fall Bescheid."

„Wie du willst. Ist aber echt super Qualität."

„Glaub ich dir gerne. Woher kommt die Ware letztendlich? Von wem kriegst du sie geliefert?"

„Ich kenne da zwei Fahrer." Er schaute verstohlen um sich. „Ostblock", flüsterte er dann verschwörerisch. „Mehr musst du nicht wissen."

Karlo schlug Scheerer kumpelhaft auf die Schulter. Innerlich schüttelte es ihn erneut. „Wie gesagt, ich melde mich, wenn es so weit ist. So, jetzt habe ich noch eine Verabredung."

„Verabredung?"

„Ja. Mit meinem Bier. Komm, wir gehen rein."

Vor dem Gartentor blieben die beiden stehen. Ein Wagen näherte sich. Direkt vor Scheerer und Karlo blieb er stehen.

Reichard und Schönhals.

„Was wollen die denn schon wieder?", brummte Scheerer. Er schaute Karlo von der Seite an. „Haben sie dir eigentlich auch Fingerabdrücke abgenommen?"

„Mir? Nein."

„Warum nicht? Halten sie dich nicht für verdächtig?"

„Wahrscheinlich doch." Karlo grinste hinterhältig. „Aber die haben sie noch gespeichert. Praktisch, was?"

Scheerer wusste nichts von Karlos Vergangenheit und bekam den Mund nicht mehr zu. Dieser Zustand sollte noch länger anhalten. Die Beamten waren ausgestiegen und kamen auf Karlo und Scheerer zu.

„Herr Rolf Scheerer?"

„Ja?"

„Wir müssen Sie bitten, uns zu begleiten."

Scheerer wurde blass. Er schien sich keiner Schuld bewusst. „Was soll das? Begleiten? Wieso soll ich ... Sie meinen, wegen dieser paar Stücke Fleisch? Wissen Sie, was man als Lagerarbeiter verdient?"

Karlo packte Scheerer am Arm, schaute ihn eindringlich an und schüttelte unmerklich den Kopf. Scheerer schien die Situation gründlich misszuverstehen.

„Welches Fleisch?" Schönhals runzelte die Stirn. „Ich weiß nichts von Fleisch. Bitte, Herr Scheerer. Machen Sie kein Aufsehen. Oder sollen alle Ihre Bekannten mitbekommen ..."

Karlo schaltete sich ein. „Was genau werfen Sie Herrn Scheerer eigentlich vor?"

„Sind Sie jetzt auch noch Rechtsanwalt, Herr Kölner?" Schönhals verzog spöttisch die Mundwinkel.

Kommissar Reichard schaute Karlo verlegen an und zuckte hilflos mit den Schultern. Dann wandte er sich an Scheerer.

„Gegen Sie wurde ein Haftbefehl erwirkt. Wegen versuchten Totschlags an Otto Biernat."

Scheerer erblasste. „Einen Haftbefehl? Totschlag? Um Himmels willen. Wieso das denn?"

Schönhals ignorierte Scheeres Entsetzen. „Wo waren Sie am vergangenen Mittwochabend?"

„Wo soll ich gewesen sein? Keine Ahnung. Wie soll ich das jetzt noch wissen? Sagen Sie, muss ich Ihnen überhaupt antworten?"

„Müssen Sie nicht", begann Schönhals die vorgeschriebene Belehrung herabzubeten, „Sie können die Aussage verweigern. Sie können einen Rechtsanwalt ..."

Scheerer winkte ab. „Verschonen Sie mich mit diesem Mist. Das nervt mich schon immer, wenn ich das im Fernsehen höre. Und ich gucke jeden Tatort, hören Sie? Und noch mal: Ich weiß nicht, wo ich war."

„In Ihrer Lage würde ich ganz genau nachdenken."

„Das sagen sie auch immer im Fernsehen." Scheerer war kurz vor dem Ausrasten. „Ihr spinnt doch komplett. Ich hab niemandem was getan."

„Also, ich frage Sie noch mal: Wo waren Sie vergangenen Mittwochabend?"

„Wo soll ich schon gewesen sein? Wahrscheinlich zu Hause. Warten Sie – Mittwoch sagten Sie? Da gibt es doch immer das *Marktmagazin* in Hessen 3. Das schau ich meistens an. Und danach *Alles wissen*, mit Thomas Ranft, diesem Wetterfrosch. Ja, genau, so war's."

„Zeugen?"

„Fragen Sie Thomas Ranft."

„Also keine Zeugen."

„Ich wohne alleine. Leider."

„Das ist schlecht."

„Muss man sich jetzt schon Zeugen in der Wohnung halten? Nur so für den Fall? Ich heirate mal vorbeugend, damit ich bei Bedarf eine Zeugin habe?" Scheerer schäumte.

„So kommen wir nicht weiter, Herr Scheerer." Schönhals fasste den Gespannfahrer am Arm. „Kommen Sie dann bitte?"

„Und mein Motorrad?", fiel Scheerer ein. „Kann ich wenigstens noch mein Motorrad nach Hause fahren?"

„Bitte, Herr Scheerer. Kommen Sie einfach mit."

„Einen Moment noch", bat Karlo und schaute Scheerer an. „Soll ich dein Gespann nach Hause fahren?"

Scheerer zögerte. Dann zuckte er mit den Schultern. „Na gut. Ist vielleicht besser. Der Schlüssel steckt. Da ist auch der Garagenschlüssel dran. Weißt du überhaupt, wo ich wohne?"

Karlo wollte gerade „in Preungesheim" sagen, verkniff sich aber im letzten Moment den schlechten Scherz. Stattdessen fragte er einfach nach. „Nicht genau. Sag's mir ganz einfach. Irgendwo in Dietzenbach, oder?"

Mit unglücklichem Gesicht verriet Scheerer Karlo seine Adresse. „Pass aber um Gottes willen auf. Das Ding hat fast zweihundert PS."

Dienstagabend, 21. Juli
Im Clubheim in Frankfurt-Oberrad

18

„Gehring?"

„Hallo, Herr Gehring. Hier ist Kölner. Herr Gehring, sagen Sie, haben Sie das mitbekommen? Hauptkommissar Schönhals und Ihr Freund Reichard haben gerade unser Clubmitglied Rolf Scheerer einkassiert. Haben Sie eine Ahnung, was passiert ist? Ich konnte Reichard doch nicht bedrängen, wollte vermeiden, dass er Schwierigkeiten mit Schönhals bekommt."

„Ach, Herr Kölner. Ich hätte Sie noch angerufen. Ich hatte gestern Abend mit Harald telefoniert. Eher privat, ich wollte erfahren, wie es bei ihm zu Hause steht. Ob alles in Ordnung ist mit seiner Frau und – Sie wissen schon. Und da haben wir auch kurz über den aktuellen Fall geredet –, na ja, bitte behalten Sie das für sich."

„Klar. Aber was ist denn nun?"

„Es wurde ein Haftbefehl gegen Scheerer erwirkt."

„Das habe ich mitbekommen, aber warum denn?", gab Karlo sich unwissend.

„Man hat seine Fingerabdrücke gefunden. Und zwar auf der Tatwaffe."

„Mist. Aber auf welcher Tatwaffe?"

„Na, auf dem Sternmutterschlüssel, mit dem Otto Biernat niedergeschlagen worden ist."

Das war tatsächlich neu für Karlo.

„Was für ein Sternmutterschlüssel?"

„Mehr weiß ich auch nicht. Harald meinte nur, Herr Kuhl hätte ihn am Wegrand entdeckt. Blutverschmiert. Wahrscheinlich hat ihn der Täter auf der Flucht verloren oder weggeworfen."

„Das ist ja ein Ding. Und jetzt glauben die, dass Rolf es war, der Otto niedergeschlagen hat?" Irgendwie passte das. Und wieder kam Karlo dieser Verdacht. Er wurde ihn einfach nicht los.

Der Lottoschein!

Nur so ergab das Ganze einen Sinn. Otto war im Besitz des Lottoscheins gewesen. Das jedenfalls vermutete Karlo schon länger.

Und Ottos alte Zahlenreihe auf dem Schein hatte gewonnen. Das war Fakt.

Wenn Scheerer das nun mitbekommen hatte ... aber wie hätte das passieren sollen? Hatte Otto damit geprahlt? Vor wem? Und *wann* hätte das passieren sollen? Dazu hätte Scheerer oder sonst jemand in genau der besagten Nacht im Clubheim sein und von dem Schein Wind bekommen müssen. War das wahrscheinlich? Karlo wusste es nicht. Er wusste nur eines sicher: Er hatte nach der Aktion mit Reichards Frau im Internet die Quote der Ziehung abgefragt.

Rund Neunhundertfünfzigtausend Euro.

Und das ohne Superzahl.

Scheiße!

„Das Leben ist nicht fair!", bellt auch der in Bochum aufgewachsene Currywurst-Barde Herbert G. immer mal wieder ins Mikrofon. Zumindest hier gab Karlo ihm recht.

Nach den letzten Neuigkeiten hatte Karlo das Clubheim

fieberhaft nach dem Schein abgesucht. Aber es war zu spät gewesen. Irgendjemand anderes hatte den Schein jetzt in seinem Besitz und wartete auf die Überweisung des Gewinns.

„Herr Kölner? Hallo? Sind Sie noch dran?" Gehrings Stimme holte Karlo wieder in die Wirklichkeit zurück.

„Ja. Klar. Natürlich bin ich noch da. Was geschieht jetzt weiter? Ich meine, mit Scheerer?"

„Nun, die Polizei wird ihn eingehend befragen und weiter ermitteln."

„In alle Richtungen, wie das immer so schön heißt", spottete Karlo.

„Dazu müssten sie diese Richtungen auch kennen. Und da bin ich mir nicht ganz sicher. Reichard meint, Schönhals sei ganz froh, eine schnelle Lösung zu haben."

In diesem Moment fuhr Karlo etwas in den Sinn. Etwas, das er bis zu diesem Zeitpunkt einfach vergessen hatte.

Der Sternmutterschlüssel.

Wenn nun Scheerer ... ach, vielleicht hatte es auch gar nichts zu bedeuten. Trotzdem. Gehring spürte, wie Karlo zögerte.

„Ist Ihnen noch etwas eingefallen, Herr Kölner?"

„Ja. Ich weiß nur nicht, ob das relevant ist." Karlo tat sich wie immer schwer, seine Ideen zu teilen.

„Hat es etwas mit Herrn Scheerer zu tun?"

„Ja, aber dann auch wieder nicht. Ich möchte nicht jemanden in die Geschichte reinziehen, der gar nichts damit zu tun hat, aber ich meine – ach, was soll's! Hören Sie einfach mal zu."

Nach fünf Minuten kannte Gehring die ganze Geschichte. Inklusive des entwendeten Lottozettels und Karlos unbewiesener Vermutung, dass eventuell Scheerer sich den Schein angeeignet haben könnte. Und inklusive Scheerers offensichtlichen und plötzlichen Reichtums.

„Das alles macht einen schon nachdenklich. Wir sollten Reichard davon berichten. Allerdings würde die Sache mit dem gestohlenen Lottozettel Schönhals' Verdacht erhärten. Aber Sie hatten noch etwas anderes im Sinn, oder? Wen wollen Sie nicht mit in diese Geschichte reinziehen?"

„Ja", gab Karlo zu. „Ganz fertig war ich noch nicht. Aber ich weiß nicht so recht …"

„Jetzt spannen Sie mich nicht auf die Folter."

Karlo überwand sich und berichtete von seinem Verdacht.

„Das könnte einiges erklären", gab Georg Gehring zu. „Mit Betonung auf *könnte*. Zumindest wäre das ein Hinweis, der Ihren Freund Scheerer entlasten würde. Wenn ihm das nicht schon selbst eingefallen ist. Aber Sie glauben ja immer noch, dass alles mit diesem Lottozettel zu tun hat, nicht?"

„Warum nicht? Um was soll es denn sonst gehen?" Karlo war hin- und hergerissen.

„Keine Ahnung. Was ich mich aber frage, ist: Wer sollte denn von Biernats Lottoglück wissen? Welcher Außenstehende könnte auf die Idee kommen, dass jemand in eurem Clubheim sitzt, der einen dicken Gewinn gemacht hat? Ganz abgesehen vom Timing." Gehring ließ eine Kunstpause, dann erweiterte er seine Überlegung: „Außer Ihnen selbst?"

„Jetzt machen Sie aber einen Punkt."

„Nun, die Polizei könnte aber durchaus auf diesen Gedanken kommen."

„Ja, Sie haben schon recht", räumte Karlo ein. „Vielleicht war es ja purer Zufall. Aber wenn meine Version mit dem Lottoschein stimmen würde, hätten wir wenigstens ein Motiv. Das haben wir andernfalls nicht. Ich kümmere mich noch einmal darum."

„Was haben Sie vor?"

Karlo ignorierte die Frage. „Reden Sie mit Reichard oder soll ich das tun? Nur für den Fall, dass Scheerer nicht selbst auf die Idee gekommen ist?"

„Mache ich gleich. Das mit dem Lottogewinn kann ich ihm aber nicht verschweigen."

„Sollen Sie auch nicht. Aber jetzt muss ich los."

„Was heißt das? Sie machen doch nicht wieder etwas Unbedachtes?"

„Keine Angst. Ich will nur meinen Lottoschein zurückhaben."

Nach dem Gespräch mit Gehring beschloss Karlo zu gehen. Er hatte noch einiges vor heute Abend. Keiner der Anwesenden hatte die Szene vor dem Gartentor mitbekommen. Nur Kuhl wurde plötzlich aufmerksam und blickte um sich. „Wo ist eigentlich Rolf?"

Karlo wusste nicht so recht, ob er ausplaudern sollte, dass Scheerer verhaftet worden war. Dann aber erzählte er Kuhl von der Festnahme. Er würde es ja doch erfahren.

Kuhl zeigte sich schockiert. „Scheerer also. Und ich habe auch noch diesen Schlüssel gefunden." Er schaute schuldbewusst. „Was ist eigentlich mit seinem Motorrad? Das teure Ding sollte nicht hier im Freien rumstehen."

Karlo nickte eifrig. „Ich soll ihm das Gespann nach Hause fahren."

„Aha." Kuhl schaute zweifelnd. Er schien ihm nicht zu

168

glauben. „Der lässt dich so einfach auf diesem Hammerding fahren? Kriegst du das überhaupt hin?"

„Wer sonst, wenn nicht ich?"

„Vielleicht Valentino Rossi?", spottete Kuhl. „Und wie willst du wieder nach Hause kommen?"

Karlo presste die Lippen aufeinander. Daran hatte er in der Hitze des Gefechts gar nicht gedacht. „Äh, vielleicht mit einem Taxi?", entschied er sich dann. „Bezahlt mir Rolf. Hat er gesagt."

Kuhl schüttelte den Kopf. „Taxi? Das hat er wirklich gesagt? Der Typ muss echt im Lotto gewonnen haben. Na, ist nicht mein Bier."

Karlo wandte sich ab und schnappte sich sein Handy. Kurz darauf hatte er Jeannette am Ohr. „Du musst mir einen Gefallen tun, Jeannie. Bitte geh doch mal an den Computer und ruf die Mitgliederliste vom Motorradclub auf. Ich brauche eine Adresse. Bitte was? Ja, natürlich gleich. Es ist wichtig." Er nannte ihr den Namen, um den es ging.

Während er wartete, ging er mit dem Handy am Ohr an den Kofferraum des Seitenwagens und holte sein braunes Ledermäppchen mit seinen diversen Nachschlüsselvarianten hervor. Er steckte es in seine Jacke.

„Karlo? Bist du noch da? Das ist hier in Fechenheim. In der Starkenburger Straße."

„Gibt es auch eine Telefonnummer?"

„Ja."

„Und?"

„Und was?"

„Wie lautet die?"

„Ach, die brauchst du auch?"

„Jeannette, bitte."

„Das hattest du aber nicht gesagt."

„Dann sag ich es eben jetzt. Bitte!"

„Dann muss ich noch einmal einschalten. Moment."

Karlo platzte fast. Nach weiteren langen drei Minuten tippte er die Nummer in den Speicher seines Handys.

„Was willst du denn da?"

„Das erkläre ich dir später."

Er legte auf. Bloß jetzt keine weiteren Diskussionen.

Die anderen Mitglieder staunten nicht schlecht, als Karlo sich auf Scheerers Ruko-BMW setzte. Sofort war Wolfhard Kuhl umlagert und wurde mit Fragen bombardiert. Zuerst blieb er standhaft. Doch schnell gab er dem allgemeinen Druck nach und berichtete von Scheerers Festnahme.

Bevor er aus dem Tor rollte, sah er, wie sich Peer Reinders eilig von den anderen verabschiedete, seine Jacke anzog und zu seiner BMW ging.

Mist! Damit hatte er nicht gerechnet. Jetzt musste er bis morgen warten.

Dann zeigte sich ein Lächeln auf seinem Gesicht. Dadurch hätte er jetzt die einmalige Chance auf eine Probefahrt mit diesem Hammergerät.

Er rief Jeannette an. „Keine Fragen. Nimm einfach deinen Helm und komm in einer Viertelstunde runter. Wir machen eine tolle Probefahrt. Wie? Nein, doch nicht auf der MZ. Lass dich überraschen."

Dann fuhr er los.

Himmel, das war etwas anderes als sein alter DDR-Zweitakter. Er traute sich zuerst kaum, am Gas zu drehen. Vorsichtig stocherte er um die erste Kurve, um auf die Offen-

170

bacher Landstraße zu gelangen. Als er auf der Straße war, ging alles viel leichter als befürchtet. Das Gespann lenkte leicht ein und hielt die Spur wie von selbst.

Mittwoch, 22. Juli
Frankfurt-Preungesheim

19

In der JVA Preungesheim saßen Kommissar Reichard und Hauptkommissar Schönhals dem aufgebrachten Untersuchungshäftling Rolf Scheerer gegenüber. Gehring hatte Reichard zuvor auf den neuesten Stand gebracht, und ihm in kurzen Worten skizziert, was er von Karlo erfahren hatte.

„Wie sieht es aus, Herr Scheerer, wollen Sie immer noch keinen Anwalt?", eröffnete Reichard. „Es wäre bestimmt besser für Sie. In Ihrer Situation."

„Wozu? Ich habe Ihnen schon gesagt, dass ich nichts getan habe. Ich brauche keinen Anwalt. Wieso wollen Sie *mir* das eigentlich anhängen? Ich bin unschuldig."

Schönhals ignorierte Scheerers Aussage. „Wie lange kennen Sie Herrn Biernat schon?"

„Ich kenne keinen Herrn Biernat. Wirklich nicht. Ich habe keine Ahnung, von wem Sie da reden."

„Wo haben Sie den Lottoschein?", legte Schönhals seinen neuen Trumpf auf den Tisch. „Haben Sie ihn schon eingereicht? Wahrscheinlich, denn Sie scheinen mit einem Mal über eine erkleckliche Summe Geld zu verfügen."

Scheerers Stimme überschlug sich fast. „Wen geht mein Geld etwas an? Meine finanziellen Verhältnisse sind meine Privatsache." Dann erschien eine steile Falte auf seiner Stirn. „Und welcher Lottoschein überhaupt?", rief er ungehalten.

„Ich habe ewig kein Lotto mehr gespielt. Was ist das jetzt wieder für eine Geschichte? Worum geht es Ihnen eigentlich?"

„Es geht auch nicht darum, dass Sie selbst spielen. Sondern, dass Sie Herrn Biernat den Schein gestohlen und ihn zu diesem Zwecke niedergeschlagen haben. Wie sonst sollten Sie auf einmal so viel Geld haben?"

Scheerer wurde blass vor Wut. „Aaach, daher weht der Wind. Darum geht es also? Wer hat Ihnen denn diese Laus in den Pelz gesetzt? Hören Sie, ich brauche keinen Lottogewinn. Ich habe geerbt." Er spuckte die Worte aus, als hätten sie einen schlechten Geschmack.

Das erwischte Schönhals auf dem falschen Fuß. „Geerbt? Was heißt das?"

„Was das heißt? Soll ich Ihnen eine Zeichnung machen? Was kann das wohl bedeuten? Ein Onkel von mir ist vor einigen Wochen gestorben. Außer mir gibt es keine weiteren Erbberechtigten mehr. Und dadurch hatte ich plötzlich einhundertfünfundneunzigtausend Euro mehr auf meinem Konto. Abzüglich eintausendsechshundertdreißig Euro Dispokredit, den ich schon seit Monaten vor mir herschiebe. Das können Sie nachprüfen. Und bevor Sie fragen: Ja, ich habe mir etwas geleistet für einen Teil des Geldes. Das ist schließlich nicht verboten. Sonst noch etwas?"

„Ja. Wie erklären Sie Ihre Fingerabdrücke auf dem Sternmutterschlüssel?"

„Sternmutterschlüssel? Was soll das jetzt wieder sein?"
„Die Tatwaffe."

„Woher soll ich das wissen? Sie haben gestern immer nur von der Tatwaffe geredet. Nicht von einem Sternmutterschlüssel."

Scheerer wurde nachdenklich. Dann sprang er auf. „Gut", presste er hervor. „Dann will ich jetzt doch einen Anwalt. Und zwar sofort."

Mittwoch, 22. Juli
Frankfurt-Fechenheim

20

Die Probefahrt hatte Karlo wahrlich infiziert. Auch Jeannette hatte einen Riesenspaß gehabt. Weniger an Technik und Motor, aber Sitzposition und Platzangebot in Scheerers neuem Gefährt waren einfach ein Traum. Dass das Gespannfahren derartigen Spaß machen könnte, hatte Karlo nicht geahnt. Dabei waren es weniger die zusätzlichen PS als das überragende Fahrverhalten der modernen Konstruktion, die ohne konventionelle Telegabel auskam. Stattdessen arbeitete am Vorderrad eine ausgeklügelte Achsschenkellenkung.

Obwohl, ging es Karlo durch den Kopf – seine MZ verfügte gerade einmal über achtzehn magere PS. Da lagen bei Scheerers Fahrzeug mehr als zehnmal so viel Pferdchen an, das war eine klare Ansage, die ebenfalls für reichlich Spaß am Fahren sorgte. Der Preis war natürlich auch mindestens zehnmal so hoch.

Es kam ihm in den Sinn, vielleicht doch ab und zu einen Lottoschein auszufüllen. Wie er mit schmerzender Seele wusste: Es konnte klappen.

Aber – vielleicht war noch nicht aller Tage Abend. Wenn er großes Glück hatte, brauchte er niemals mehr zu spielen.

Gegen zehn Uhr war er losgefahren. Über Nacht war das teure Gespann in Jeannettes Garage untergebracht worden, sie hatte ihr Auto dafür auf der Straße abgestellt, ausnahmsweise. Die Versuchung, das schöne Fahrzeug noch einen Tag länger zu benutzen, war für Karlo Kölner einfach zu groß gewesen.

Für den ersten Teil seiner geplanten Ermittlungen hatte er Glück gehabt. Durch die eilige Festnahme Scheerers war nicht nur dessen Gespann, sondern auch noch seine Motorradjacke beim Clubheim verblieben. In dieser Jacke hatten sich auch Scheerers Wohnungsschlüssel befunden.

Da er durch Scheerer nicht gestört werden konnte, war Karlo extrem gründlich bei der Durchsuchung seiner Wohnung vorgegangen. Das einzig Verdächtige, das er gefunden hatte, war eine Kasse gewesen. Auf einigen losen Blättern befand sich darin so etwas wie eine schlampige Buchführung, scheinbar die illegale Fleischvermarktung betreffend. Auch einige hundert Euro befanden sich in der Kasse. Das alles interessierte Karlo nicht im Geringsten. Er war nicht die Polizei. Sollte Scheerer doch verkaufen, was er wollte.

Das, was er am dringendsten suchte, war einfach nicht da: der Lottoschein. Aber er hatte ja noch eine Chance. Wenn er mit seiner zweiten Vermutung recht hatte und der Sternmutterschlüssel von Reinders stammte. Und dieser ihn zweckentfremdet und anschließend auf der Flucht verloren hatte.

Ganz so einfach würde es allerdings beim zweiten Versuch nicht werden.

—

In der Nacht zuvor spürte Willi Wuttke, dass es wieder einmal sein musste. Der massige Mann wohnte seit langer Zeit alleine im zweiten Stock eines Hauses, das sich fast am Ende des bebauten Teils der Starkenburger Straße befand. Aus Frust hatte er sich im Laufe der Jahre eine gewaltige Wampe angefressen. Aus Frust der Weiber wegen. Er begriff es einfach nicht. Er war doch immer noch ein stattlicher Kerl. Und er war ein überaus potenter Mann. Auch noch nach fünfzehn Bierchen. Oder gerade dann. Dann war es ihm auch egal, wie die Frau aussah, die er mit nach Hause brachte. Oder wie alt sie war. Aber auch Bekanntschaften mit weniger attraktiven Damen waren langsam zur Rarität geworden. Nicht zuletzt wegen seiner unbeherrschten Art. Seine Saufkumpels nannten ihn unter der Hand *Wut-Wuttke*. Oft rutschte ihm die Hand aus, meistens bei Frauen und oft auch beim Sex. Die Frauen verabscheuten diese ungehobelten Übergriffe und zogen sich deshalb zurück, bevor sich mehr ergeben konnte. Doch zum Glück gab es ja das Internet und die Nutten.

Wuttke fuhr sich mit der Hand durch seine fettig glänzenden schwarzen Haare. Die halbe vergangene Nacht hatte er sich im Internet aufgeheizt. Dann war ihm in einem entsprechenden Portal eine hübsche Dame aus Offenbach aufgefallen, die er anderntags zu sich nach Hause bestellte. Um dreizehn Uhr sollte sie da sein. *Nelly!* Hmmm. Wie das schon klang! Willi Wuttke stöhnte genüsslich und leckte sich die Lippen.

Bei mir erlebst Du den besonderen Reiz aus Begehren, Leidenschaft und entdeckst mit mir berauschende Sinnlichkeit sowie geile, wilde und glückliche Momente. So versprach die Annonce. Das hatte Willi Wuttke gefallen.

Nun saß er ungeduldig und geil am Küchentisch und wartete. Sollte er noch schnell duschen? Er schaute auf die Uhr. Fast eins. Nein, warum? Er zahlte ja schließlich gut.

Und vielleicht stand sie ja auch auf richtigen Männerschweiß, fantasierte er sich fiebrig zurecht. Man weiß ja nie bei diesen Huren.

Da schrillte die Klingel. Nelly. Er sprang auf. Vielleicht hätte er doch duschen sollen? Da kam ihm eine neue Idee: Vielleicht würde sie ja mit ihm unter der Dusche ...

—

Karlo fuhr die Starkenburger Straße geradeaus Richtung Main. Er rollte am letzten Haus vorbei, nach hundert Metern wendete er und hielt am Straßenrand. Er schaltete den Motor aus, setzte den Helm ab und wählte die Nummer, die ihm Jeannette am Abend zuvor gegeben hatte. Das Freizeichen ertönte so oft, dass Karlo schon die Hoffnung hegte, es sei niemand zu Hause. Die Hoffnung wurde enttäuscht. Er würde improvisieren müssen. Karlo war sich nicht sicher, ob sein Vorgehen das glücklichste war, als Peer Reinders Lebensgefährtin Doro abhob. „Bei Reinders, hallo."

„Hallo, Doro, hier ist Karlo. Ich hoffe, du hast gerade nichts vor. Peer hat mich eben von der Arbeit aus angerufen. Er wollte heute früher Schluss machen. Aber sein Motorrad springt nicht an und ich habe ihm eigentlich gesagt, dass ich ihn hole. Aber gerade ist mir was dazwischen gekommen. Kannst du ihn vielleicht abholen?"

Es blieb einen Moment still in der Leitung. „Das hat er gesagt?", kam es schließlich zurück.

„Ja. Und pass auf. Er hat schlechte Laune."

„Aha. Schlechte Laune. Wann hat er die nicht? Gut, danke für die Nachricht. Ich sage ihm gleich Bescheid, dass ich ihn hole."

Verflucht. So lief das nicht. Er hatte sich verrannt.

„Nein. Lass mal, das brauchst du nicht. Ich muss ihn sowieso noch informieren. Ich meine, dass ich keine Zeit habe. Da kann ich ihm auch sagen, dass du kommst."

Doro schien zu zögern. „Wie du meinst", kam es schließlich zurück. Es klang misstrauisch. „Jetzt gleich?"

Karlo atmete auf. „Ja", bestätigte er. „Jetzt gleich."

Wie er diese Nummer später erklären sollte, wusste er noch nicht. Das hing auch davon ab, ob er bei Reinders etwas finden würde. Doch das war Zukunftsmusik.

Es dauerte einen Augenblick, bis die junge Frau das Haus verließ und ins Auto stieg. Als er schließlich sah, wie sie in die Dieburger Straße einbog, startete er den Motor und rollte langsam vor das Haus, in dem sich Reinders Wohnung befand.

Er studierte das Klingelbrett und entschied sich, ganz oben zu klingeln. *W. Wuttke* stand neben dem Klingelknopf. Gleich darauf wurde auf den Türöffner gedrückt. Karlo huschte ins Treppenhaus, schloss die Tür leise und wartete ab. Nach einer Minute hörte er eine knurrige Männerstimme, seltsam vibrierend: „Hallo? Ist da jemand? Nelly?" Karlo hielt den Atem an und rührte sich nicht. Nach kurzer Zeit wurde die Tür mit einem Fluch zugeworfen. Der alte Trick funktionierte immer noch.

Im ersten Stock fand er Reinders Namen an der Tür. Er zückte sein braunes Ledermäppchen und rollte es auf. Es dauerte keine zwei Minuten und die Tür war offen. Doro hatte in der Eile nur die Tür hinter sich zufallen lassen.

Karlo schaute auf die Uhr. Kurz vor eins. Eine Stunde hatte er nun sicher Zeit. Sofort begann er damit, die Wohnung zu durchsuchen. Seine Laune sank von Minute zu Minute. Nach einer Dreiviertelstunde war er zu guter Letzt im Schlafzimmer angelangt. Das Klingeln des Handys ließ ihn zuammmenzucken. Schnell hob er ab.

„Ja? Kölner?" Nebenbei hob er die Matratze an.

„Gehring hier. Herr Kölner, haben Sie einen Moment Zeit für mich?"

„Äh, nicht direkt. Sagen Sie schnell, was gibt es denn?" In diesem Moment glaubte Karlo ein leises Geräusch aus der Diele zu hören.

„Moment", flüsterte Karlo, „ich ..." Mit einem leisen Fluch flutschte ihm die Matratze aus der Hand. Um keinen Lärm zu riskieren, fasste er mit der anderen Hand nach. Das Telefon entglitt ihm dabei und segelte unter das Bett. Reflexartig ging Karlo auf die Knie und bückte sich. Mit der rechten Hand tastete er unter dem Bett herum. Außer einigen Staubflusen bekam er nichts zu fassen.

Er beugte sich noch tiefer.

—

Gehring saß zurückgelehnt in seinem Bürostuhl und hielt sein Handy ans Ohr. Er hatte den Eindruck, im völlig falschen Augenblick angerufen zu haben. Karlo schien mit irgendetwas beschäftigt zu sein. „Moment", hörte er ihn noch verstohlen flüstern. Es klackerte metallisch, danach war es für einen Augenblick still. Unvermittelt ein gedämpfter Aufschrei, dann etwas wie ein dumpfer Schlag, ein Aufprall von irgendetwas. Und wieder war es ruhig. Gehring hielt die Luft an. Was ging da vonstatten? Er wartete und wagte kaum zu atmen.

180

Etwas musste passiert zu sein. Wo steckte Karlo, und womit war er beschäftigt?

Plötzlich hörte Gehring wieder Geräusche. Komisch – es quietschte. Sehr seltsam. Als würde sich jemand in einem alten Bett mit Metallgestell schlaflos umherwälzen. Dann gedämpfte Stimmen im Hintergrund, ein leises Stöhnen, weit entfernt.

„Er ist wieder da ... hat einen harten Schädel." Eine Männerstimme. Dann eine Frau, etwas wie: „... so ein Mistkerl, wie kommt er nur dazu? Aber ich habe gleich gemerkt, dass etwas nicht stimmt." Ein kleines Lachen. „Dein Motorrad springt nicht an, hat er gesagt. Dabei warst du doch mit dem Auto unterwegs." Wieder ein Stöhnen. Frauenstimme: „Was hast du vor? Was sollen wir mit ihm tun? Ruf endlich die Polizei!" Männerstimme: „Bist du verrückt geworden? Hast du nicht kapiert?" „Was kapiert?" „Erkläre ich dir später. Erst müssen wir ihn loswerden." Danach wieder Stille.

Ich muss etwas unternehmen, hämmerte es in Gehrings Kopf immer wieder. Doch was? Irgendetwas war Karlo zugestoßen. Wo konnte er bloß stecken? Gehring brütete fieberhaft. Was war das Wichtigste von dem, was ihm Karlo berichtet hatte? Plötzlich hatte er eine Eingebung. Vielleicht gab das einen Sinn. Er musste es versuchen. Der Privatdetektiv sprang auf und rief seine Frau.

Martina Gehring spürte sofort, dass etwas nicht stimmte, dass die Situation ernst war. Sie kannte ihren Mann und fragte nicht lange nach.

„Dein Handy, Martina", rief Gehring. „Schnell. Ruf auf dem Revier an. Wenn eine Streife unterwegs ist, sollen die sich sofort auf deinem Handy melden. Sag meinen Namen, die meisten dort kennen mich. Es ist wichtig. Und jetzt komm. Du musst mich fahren."

Gehring behielt sein Telefon am Ohr. Kurz darauf startete Martina ihren Wagen. Als sie losfuhr, klingelte ihr Telefon. Sie nahm ab. „Gehring." Nach einem Moment gab sie das Handy an ihren Mann weiter.

„Haffmann hier", meldete sich der Streifenbeamte aus dem Funkwagen. „Herr Gehring? Was ist passiert?"

Ein klatschendes Geräusch lenkte Gehring ab. Es kam aus seinem Handy. Es tat sich wieder etwas. „Stopp, Herr Haffmann, Augenblick. Bitte bleiben Sie unbedingt dran."

Er lauschte angestrengt.

Dann hörte er, ganz leise, Karlos Stimme.

Mittwoch, 22. Juli
Frankfurt-Fechenheim

21

Karlo konnte die Arme nicht bewegen. Seine linke Hand begann einzuschlafen. Zwei Kabelbinder, mit denen er an das Metallgestell des Betts gefesselt war, schnitten schmerzhaft in seine Handgelenke. Die Beine waren an den Knöcheln zusammengeschnürt.

Er hatte sich überrumpeln lassen wie ein Anfänger. Er verzog das Gesicht, als ihn die Ohrfeige traf.

„Na? Wieder wach? Du bist ein ganz Schlauer, was? Was hast du dir erhofft? Eine Menge Kohle? Da muss ich dich enttäuschen. Aber das hast du bestimmt schon selbst gemerkt. Also was willst du hier? Kumpels beklauen? Das ist wirklich das Letzte. Aber zum Glück ist Doro nicht blöde und hat mich gleich angerufen. Ihr war sofort klar, dass etwas nicht stimmt." Reinders war aufgebracht.

„Ruf doch die Polizei, Reinders."

„Das könnte dir so passen. Was hast du gesucht?"

„Du warst das. Das mit Biernat. Du hast ihm eins übergezogen."

„Wer ist Biernat?"

„Stell dich nicht dümmer, als du bist. Du weißt genau, wen ich meine. Und die Bullen wissen Bescheid. Du hast keine Chance."

„Ich denke, die haben Scheerer verhaftet? Weil sie seine

Fingerabdrücke gefunden haben? Das hat Kuhl erzählt. Was habe ich also damit zu tun?"

„Die Polizei weiß mittlerweile auch das, was die meisten neulich mitbekommen haben."

„Und das wäre?"

„Wie Scheerers Fingerabdrücke auf deinen Schlüssel gekommen sind." Karlo wartete Reinders' Antwort nicht ab. „Ach übrigens, hast du den Lottoschein schon eingereicht?"

Als Karlo Reinders Gesichtsausdruck sah, fiel sein Optimismus in sich zusammen. Reinders wirkte dermaßen ahnungslos, dass Karlo ihm sofort glaubte.

„Lottoschein? Welcher Lottoschein?"

„Vergiss es, Reinders. Welche Hausnummer hast du hier in der Starkenburger eigentlich?", rief er laut und hoffte, dass Reinders keinen Verdacht schöpfte.

„Die 99a." Reinders war sichtlich irritiert. „Was hat das Ganze mit meiner Hausnummer zu tun?"

„Vergiss es noch mal, Reinders. Was hast du mit mir vor? Willst du mich auch umlegen?"

„Ich habe niemanden umgelegt. Ich wollte das alles doch nicht. Das war ein Unfall. Ich habe mich nur gewehrt."

Karlo spürte die Verzweiflung in Reinders' Stimme.

„Was ist denn überhaupt passiert?"

„Ich denke, du weißt alles?"

„Jetzt rede schon, zum Teufel."

„Letzten Mittwoch war es. Da habe ich meine Brieftasche gesucht. Dann ist mir eingefallen, dass ich sie auf die Theke im Clubheim gelegt hatte." Reinders atmete tief ein. „Ich wollte also meine Brieftasche holen. Hab mich ins Auto gesetzt und bin losgefahren. Als ich am Garten ankam, war Licht in der Hütte. Aber es stand kein Auto da.

Und kein Motorrad. Und zu Fuß kommt eigentlich nie jemand dorthin. Wohnen alle zu weit weg, richtig?"

„Ja. Und das kam dir komisch vor. Hat dich denn Kuhl nicht angerufen? Wegen Biernat?"

„Angerufen? Wer ist dieser Biernat?"

„Also nicht. Egal. Weiter."

„Ich bin also rein in den Garten. Und plötzlich ging das Licht aus in der Hütte. Ich habe gewartet. Es blieb ganz still. Nichts hat sich mehr gerührt. Da dachte ich, vielleicht ist jemand eingebrochen und ich habe mir den großen Schlüssel aus dem Wagen geholt. Zur Sicherheit. Dann bin ich näher hin und habe durchs Fenster geschaut. Da war eine Bewegung. Ich bin zur Tür, die war offen. Zuerst habe ich daran gedacht, die Polizei zu rufen. Hab die Tür abgeschlossen, dass er nicht rauskann. Dann bist du mir eingefallen."

„Ich? Warum ausgerechnet ich?"

„Na, weil du doch schon ab und zu mal im Clubheim übernachtet hast. Ich dachte, vielleicht ist das Licht nur deshalb ausgegangen, weil du dich hingelegt hättest. Und wenn die Polizei dann gekommen wäre ..."

„Schon gut. Weiter. Was war dann?"

„Ich wollte dann erst einmal selbst sehen, was los war. Ich bin übers Getränkelager rein, immer im Dunkeln. Durch die Küche, immer ganz leise, dann in den Thekenraum, schließlich habe ich in den Raum reingeleuchtet. Mit der Taschenlampe. Da war jemand. Das warst aber nicht du. Und dann hab ich das Licht angemacht. Ein völlig abgerissener Typ stand da. Und er hat ein großes Messer hochgerissen, als er mich gesehen hat. Da hab ich einfach zugeschlagen. Was hätte ich denn machen sollen? Er hat gejapst wie ein Fisch auf dem Trockenen und ist sofort umgekippt.

185

Dann ist er noch unter den Tisch gekrochen. Und danach hat er ganz flachgelegen. Ich hab sofort gesehen: Der ist hinüber."

„Das hast du falsch gesehen. Der war nicht hinüber."

„Was heißt das?"

„Dass er eben nicht hinüber war. Er liegt im Krankenhaus. Zwar ohne Bewusstsein, aber er lebt."

„Das glaube ich dir nicht. Das sagst du nur, um deine Haut zu retten."

„Meine Haut zu retten? Was hast du denn vor mit mir?"

„Das muss ich mir noch überlegen."

Reinders schaute seine Lebensgefährtin an. Doro war sprachlos. Karlo schaute sie an.

„Das hast du alles nicht gewusst, was?"

Die schwarzhaarige Frau schüttelte den Kopf.

—

„Wir sind da, Herr Gehring. Wie heißt der Typ noch mal?" Haffmann klang aufgeregt.

„Reinders", rief Gehring genervt ins Handy. „Hausnummer 99a." Der Detektiv war besorgt. Reichard hatte er nicht erreichen können, und den beiden Streifenbeamten, Dietmar Hund und Manfred Haffmann, traute er nicht allzu viel zu. Aber immerhin waren sie die Polizei. Alleine und unbewaffnet bei Reinders aufzukreuzen, war ihm reichlich gewagt erschienen. Ganz zu schweigen von dem glücklichen Zufall, dass die beiden Polizisten nur ein paar hundert Meter entfernt von Reinders Wohnung mit ihrem Streifenwagen unterwegs gewesen waren.

Gehring saß auf dem Beifahrersitz, beide Handys auf

Empfang. Bald würden sie ebenfalls vor Ort sein. Seine Frau bog gerade an der Mainkur rechts ab Richtung Alt-Fechenheim.

„Alles klar, Herr Gehring. Wir gehen da jetzt rein." Die Verbindung zu Haffmanns Handy brach ab. Das klang nicht gut. Der letzte Satz kam genau so dramatisch rüber, wie Gehring es befürchtet hatte. Ein bisschen zu sehr nach GSG9 für seinen Geschmack.

Dietmar Hund stellte den Wagen am Straßenrand ab, und die beiden Beamten stürmten auf die Haustür zu.

„Wie kommen wir jetzt rein?" Haffmann schien auf einmal unsicher zu sein.

„Vielleicht klingelst du mal?"

„Bist du blöd? Um ihn zu warnen? Dann murkst er uns den Kölner noch ab."

„Ach was, Unkraut vergeht nicht. Aber du kannst ja woanders klingeln."

„Gute Idee." Haffmann legte den Daumen auf den obersten Klingelknopf. *W. Wuttke* stand daneben.

Der Türöffner schnarrte umgehend, und Haffmann drückte die Tür auf. Die Polizisten betraten den Hausflur und schlichen langsam nach oben. Im zweiten Stock öffnete sich eine Tür. Die knurrige Männerstimme klang noch einen Takt knurriger als eine Weile zuvor bei Karlo. Das Vibrieren war stärker und klang ungeduldiger. „Hallo? Nelly? Hier oben, zweiter Stock."

Nelly? Hund und Haffmann fühlten sich nicht angesprochen und verharrten still auf der Treppe. Kurz war es mucksmäuschenstill im Treppenhaus. Dann ging das vibrierende Knurren in ein Gebell über. „Du blöder Hund! Verschwinde und lass dich nie wieder blicken, sonst passiert was!"

187

Die Tür fiel krachend ins Schloss. Die Beamten schauten sich erschrocken an. Dietmar Hund erwachte zuerst aus der Schockstarre. „Was meint er mit blöder *Hund*?", fragte er beleidigt. Haffman kicherte leise, dann besann er sich und setzte eine amtliche Miene auf. Er nickte knapp die Treppe hinauf, beschrieb mit dem Zeigefinger langsam einen Kreis in der Luft und blickte seinen Kollegen verschwörerisch an. So, wie er es schon zahllose Male im Fernsehen beobachtet hatte. Diese Geste hatte ihn beeindruckt, und er hatte sich schon immer gefragt, was sie zu bedeuten hatte.

Einerseits ärgerte er sich immer maßlos über die verzerrte Darstellung der Polizeiarbeit in den überzeichneten Tatort-Folgen. Oder – noch schlimmer – über das dünne Krimi-Süppchen, das in zahllosen Vorabendserien zur Existenzsicherung schwacher Drehbuchautoren und hölzern agierender Schauspieler gekocht wurde. Andererseits gefiel ihm das heldenhafte Filmimage. Das Image, in dessen Glanz er hoffte, ein wenig strahlender zu erscheinen, als es die nüchterne Arbeit eines Streifenpolizisten zuließ.

Wie zum Beispiel:

Kioskeinbrüche.

Fehlalarme.

Anfeindungen aller Art durch linke Spinner.

Anfeindungen aller Art durch rechte Spinner.

Anfeindungen aller Art durch Vollidioten.

Streit wegen Lärmbelästigung.

Familienstreitigkeiten.

Kneipenschlägereien.

Hilflos aufgefundenen Personen.

Vollgekotzte Streifenwagen.

Und ein beschissenes Gehalt.

Vor Reinders' Tür schauten die Polizisten sich kurz an. Hund legte ein Ohr an die Tür. Leise Stimmen. Nichts zu verstehen. Er zuckte mit den Schultern.

Haffmann klingelte.

Eine Stimme erhob sich im Inneren. Eine Frau.

„Eine Frau", sagte Hund.

„Auch das noch", sagte Haffmann.

Er klingelte erneut.

„Polizei. Öffnen Sie die Tür. Das Haus ist umstellt. Sie haben keine Chance."

Dietmar Hund schaute seinen Kollegen staunend an. Dann zeigte er ihm einen Vogel und schüttelte mit dem Kopf. „Das Haus ist umstellt?"

„Nein! Aber das weiß er doch nicht."

„Stimmt."

Mehrere Stimmen erhoben sich. Ein Schrei. Ein lauter Befehl. Stille.

Haffmann trat zwei Schritte zurück.

—

Reinders packte seine Freundin am Arm und zog sie zu sich. „Du bleibst hier."

„Lass mich los. Du tust mir weh." Doro wand sich, doch Reinders' Griff wurde nur noch fester.

„Ich lasse mich nicht einsperren." Reinders Verzweiflung war offensichtlich.

Karlo zerrte an seinen Fesseln. Die linke Hand begann langsam anzuschwellen. „Keiner will dich einsperren, Peer." Karlo versuchte beruhigend zu klingen. „Wenn es so war, wie du sagst, gilt das als Notwehr. Und Biernat ist ja auch nicht tot. Hör auf deine Frau. Mach mich los, und wir vergessen das Ganze hier."

„Was? Auch den Einbruch in meine Wohnung? Das hättest du wohl gerne."

„Nein, ich meine ..."

„Halt einfach die Klappe, Kölner."

In diesem Moment holte Doro kräftig aus. Mit der Fußspitze kickte sie ihrem Freund vors Schienbein.

„Autsch. Was soll das?"

Reinders' Griff ließ nach. Doro machte sich los und stürmte aus dem Schlafzimmer. Als sie nach der Klinke griff, kam ihr unter lautem Krachen die Eingangstür entgegengeflogen.

—

Haffmann hatte gewaltig zugetreten. Dietmar Hund hätte ihm diese Kraft niemals zugetraut. Die Tür war komplett aus den Angeln gerissen worden und lag nun in der Diele. Irgendetwas aber befand sich unter der Tür. Hund ging in die Hocke und hob die Tür an. Eine schwarzhaarige Frau kam zum Vorschein. Sie rührte sich nicht.

„Die Frau", sagte er.

„Auch das noch", sagte Haffmann und wählte die Notrufnummer.

—

Sehr gut, dachte Gehring erleichtert. Hund und Haffmann waren schon vor Ort, der Funkwagen stand am Straßenrand vor Reinders' Wohnung. Er blickte seine Frau beschwörend an. „Egal was passiert – du bleibst im Wagen. Hast du verstanden?"

„Alles klar, Georg. Aber sei du bitte auch vorsichtig."

Gehring sprang aus dem Wagen und schaute sich um. Sie schienen schon im Haus zu sein. Er sprintete auf die Haustür zu und versuchte sie aufzudrücken. Fehlanzeige. Er zögerte nicht lange und drückte den obersten Klingelknopf. Bei Wuttke. Es dauerte geraume Zeit, Gehring wollte schon in der Erdgeschosswohnung läuten, da wurde der Summer betätigt. Er ging hinein.

„Hallo?", klang es Gehring entgegen. „Hier oben bin ich, zweiter Stock. Du bist zu spät", rief eine knurrige Stimme ungeduldig. Der Ärger in der Stimme blieb Gehring nicht verborgen. Als er nicht umgehend antwortete, ging es zornig weiter. „Bist du das schon wieder, du Mistkerl?", schallte wütendes Gebrüll durchs Treppenhaus. „Das ist die letzte Warnung. Das nächste Mal komm ich runter und hau dir die Zähne in deinen dürren Hals, du blöde Sau."

Gehring erstarrte.

Was war das für einer? Solchen zusätzlichen Ärger konnte er jetzt nicht gebrauchen. Er wartete stumm. Kurz darauf fiel die Tür im oberen Stockwerk wieder krachend ins Schloss.

Der Ex-Kommissar stieg eilig die Treppe empor.

Im ersten Stock sah er sofort die Bescherung. Ein zersplitterter Türrahmen. Die Eingangstür lag in der Diele. Daneben lehnte eine schwarzhaarige Frau an der Wand, hielt sich den Kopf und stöhnte. Ein dünner Blutfaden lief ihr aus der Nase, über der linken Augenbraue bildete sich langsam ein Hämatom. Eine krächzende Stimme, die er mit Mühe als die von Karlo Kölner erkannte, schallte aus einem angrenzenden Zimmer: „Das ist das erste Mal in meinem verpfuschten Leben, dass ich mich freue euch zu sehen, Jungs. Ehrlich."

Reinders hatte scheinbar aufgegeben. Er saß teilnahmslos neben dem Bett. Karlo war noch immer ans Bett gefesselt. „Dann macht mich auch endlich los. Mir stirbt bald die Hand ab, verdammt."

Gehring wandte sich an Dietmar Hund. „Was ist mit der Frau?"

„Hat die Tür an den Kopf gekriegt. Wir konnten doch nicht wissen, dass sie aufmachen wollte. Der Notarzt ist schon unterwegs. Muss jeden Moment da sein."

—

Martina Gehring schaute in den Rückspiegel, als ein Wagen hinter ihr zum Stehen kam. Sie erkannte Harald Reichard hinter dem Steuer und stieg aus. Auch Reichard verließ den Wagen. Neben ihm mühte sich Schönhals mit dem Ausstieg ab und hielt sich dabei ächzend die Hüfte. Die beiden Kriminalkommissare wollten eigentlich nur Gehrings Hinweis nachgehen und Reinders zur Befragung aufs Präsidium bitten. Der Kommissar deutete besorgt auf den Polizeiwagen. „Ist was passiert? Ist etwas mit Reinders?"

„Ich weiß nicht, was passiert ist", entgegnete Gehrings Frau. „Die Polizei ist schon länger drin, und Georg ist auch raufgegangen. Das ist jetzt ungefähr zehn Minuten her. Langsam mache ich mir Sorgen. So, wie ich es verstanden habe, hat Reinders Karlo als Geisel genommen."

„Verdammt. Dann ist wohl doch etwas dran an Gehrings Verdacht." Schönhals vergaß seine Schmerzen. „Kommen Sie, Reichard."

Vor der Eingangstür blieben sie stehen. Schönhals drückte die oberste Klingel. „Schauen Sie mal, Reichard. Der heißt ja wie der Schauspieler, der den Keppler, diesen Tatortkommissar aus Leipzig, gespielt hat." Als Reichard nicht reagierte, legte er nach: „Der Wuttke, wissen Sie?"

Es knackte in der Sprechanlage. „Jaaa?"

Es war nur ein Wort. Trotzdem lagen Argwohn und Ärger darin. Nur eine Silbe, aber sie transportierte Aggression. Ungeduld. Zorn. Unmut. Wut. Doch Schönhals konnte es nicht deuten.

Der Hauptkommissar kniff die Augen zusammen. „Kriminalpolizei. Bitte öffnen Sie die Tür. Bleiben Sie in Ihrer Wohnung, und lassen Sie die Tür geschlossen. Egal, was Sie hören. Haben Sie verstanden?"

„Aber sicher, Herr Kommissar."

„Hauptkommissar."

„Meinetwegen auch das."

Es summte, und der Hauptkommissar drückte die Tür weit auf. Dann befestigte er sie am Türstopper, für alle Fälle, wenn Verstärkung nötig war. Die Beamten stiegen die Treppe hinauf. Von oben war ein Poltern zu hören. Schnelle, schwere Schritte bewegten sich treppab. Dazu wütendes Schnaufen. Mit einem Mal erfüllte tierisches Gebrüll das Treppenhaus. „Polizei, sagst du? Unverschämtheit. Dir geb ich's. Du verdammter Dreckskerl. Die Leute so zu verarschen. Jetzt bist du dran!"

Schönhals riss die Augen weit auf, als er den massigen Mann in dem speckigen Unterhemd auf sich zuspringen sah. Er spürte den eisernen Griff, als der Dicke ihn am Kragen packte. „Auch noch zu zweit? Ihr solltet euch schämen. In eurem Alter. Das macht ihr nie wieder mit mir."

Der erste Schlag traf den Hauptkommissar mitten auf den Mund. Der zweite krachte akkurat unters Kinn, was dazu führte, dass Schönhals hintenüber kippte. Er ruderte mit den Armen, prallte an die Außenwand auf dem Treppenabsatz zum ersten Stock und rutschte langsam mit dem Rücken daran herunter, bis er schließlich auf dem Hinterteil zum Sitzen kam.

Reichard riss seinen Ausweis aus der Tasche. Mit der anderen Hand zückte er seine Dienstwaffe. „Kriminalpolizei. Hinlegen. Sofort. Und keinen Mucks."

Ungläubig blickte der Mann zwischen Reichards Ausweis und der Pistole hin und her. Langsam setzte er sich auf eine Treppenstufe und hob beschwichtigend die Hände. „Schon gut. Bitte nicht schießen. Schon gut. Ich habe gedacht ... ich konnte doch nicht wissen ..."

Reichard schloss den Wüterich mit Handschellen ans Treppengeländer. Da hörte er Schritte auf dem unteren Treppenteil. Zwei Rettungssanitäter kamen kurz darauf eilig auf Reichard zu. Reichard war baff. „Das ging aber schnell – ich meine, ich habe doch noch gar nicht angerufen. Ich ..."

Der erste Sanitäter deutete auf den blutenden Schönhals. „Das ist aber nicht die verletzte Frau, oder?"

—

Nelly fuhr langsam auf die Szene zu. Sie runzelte die Stirn. Was fand denn da statt? Ein Polizeiwagen. Ein Rettungswagen. Zwei Polizisten führten einen Mann ab. Eine Trage wurde in das Rettungsauto geschoben. Dahinter, auf der Kühlerhaube eines weiteren Wagens, wurde ein Mann mit einem blutigen Gesicht verarztet.

Im Vorbeifahren studierte sie die Hausnummer. 99a.

Sie wendete auf der Stelle und gab Gas. Damit wollte sie nichts zu tun haben.

Sie ahnte nicht, was ihr erspart geblieben war.

Glück gehabt, eben. Was ist schon Geld?

Einige Wochen später, Montag, 26. Oktober
Frankfurt-Fechenheim

22

Seit den letzten Ereignissen waren einige Wochen ins Land gegangen. Es war eine ruhige Zeit gewesen.

Zu ruhig für Karlos Geschmack.

Finanziell tat sich nichts, aber auch gar nichts. Gehring hatte ihm die Spesen großzügig ersetzt, die in der Rhön angefallen waren. Ein Honorar hatte Karlo ausgeschlagen. Das war Ehrensache.

Bei den Reichards wurde es nun langsam ernst mit dem Nachwuchs. Und endlich war es auch deutlich sichtbar. Ein kleines exponiertes Bäuchlein in Robertas Leibesmitte kündete vom unmittelbar bevorstehenden freudigen Ereignis.

Die Uhr zeigte halb zwei am Nachmittag. Es war kalt draußen und es regnete. Karlo hatte die Heizung aufgedreht, das erste Mal seitdem der Sommer vorbei war, und er hatte es sich auf der blauen Couch im Wohnzimmer gemütlich gemacht. Er wartete auf Jeannette und verkürzte sich die Wartezeit mit einem Gläschen Rotwein. Es war die letzte Flasche, die in Jeannettes Keller noch gelagert hatte.

Vielleicht sollte er doch noch einmal Lotto spielen. Der verschwundene Lottoschein kam ihm wieder in den Sinn. Wo der wohl gelandet war?

Das Handy riss ihn aus seinen Gedanken.

Kuhl war am anderen Ende.

„Hallo, Wolfhard. Was gibt's?"

„Kannst du mir einen Gefallen tun?"

„Sag erst mal, was du willst."

„Ich habe für heute Getränke bestellt. Der Peter vom Bier-Hannes wollte um vier am Clubhaus vorbeikommen und Nachschub bringen. Und vor allem das Leergut abholen. Wir ersticken ja langsam im Leergut. Ich dachte, ich kann heute früher von der Arbeit weg. Aber wir haben noch eine Sitzung."

„Schon gut, Wolfhard. Ich fahre hin und lass ihn rein."

„Danke", kam es erleichtert zurück. „Dann haben wir morgen Abend zum Stammtisch auch wieder Bier im Haus." Kuhl legte auf.

Karlo schaute aus dem Fenster. Es regnete noch immer. Eine Gänsehaut überfuhr ihn. Er würde seine Regenkombi anziehen müssen. Egal.

In diesem Moment bimmelte sein Handy erneut. Harald Reichard meldete sich.

„Herr Reichard", wunderte sich Karlo. „Schön von Ihnen zu hören, Herr Kommissar. Gibt's was Neues? Ist es schon so weit? Oder kann ich etwas für Sie tun?"

„Leider ist es noch nicht so weit. Und Sie können auch nichts für mich tun. Aber ich habe eine traurige Nachricht, Herr Kölner. Ihr Freund Otto Biernat ist heute Nacht im Krankenhaus verstorben."

„Dann ist es jetzt doch ein Mordfall?" Karlo klang eifrig, gleichzeitig war er aber tief betroffen. Die letzte Zeit war ihm Otto ganz aus den Gedanken geraten, und er schämte sich dafür grenzenlos.

„Nein, eben kein Mordfall. Wir konnten Herrn Reinders Darstellung nicht widerlegen. Und ehrlich gesagt, ich habe ihm auch geglaubt, dass er aus purer Angst zugeschlagen hat. Aber mit Herrn Biernats Tod hat er so oder so nichts zu tun."

„Was bedeutet das?"

„Das bedeutet, dass Biernat an einem Herzinfarkt gestorben ist. Bereits an besagtem Abend hatte Herr Biernat einen schweren Infarkt erlitten. Die Kopfverletzung war im Vergleich dazu nichts weiter als ein heftiger Kratzer. Daran wäre er nie und nimmer verstorben. Danach hatte er noch zwei weitere Infarkte im Krankenhaus. Den zweiten hat er jetzt nicht überlebt."

„Das tut mir leid. Otto stand nicht gerade auf der sonnigen Seite der Straße."

„Kann man so sehen, Herr Kölner. Nun – ich wollte Ihnen auf jeden Fall Bescheid gesagt haben."

Wieder kam Karlo der Lottoschein in den Sinn. Da hatte Otto einmal Glück im Leben, wenn auch nur mit einem stibitzten Lottoschein. Und sofort holte ihn das Pech wieder ein. Karlo hätte es ihm gegönnt. Na ja, er hätte ja mit ihm teilen können ...

Da packte ihn ein Gedanke. Wie war das gewesen, damals im Krankenhaus?

„Herr Reichard", rief er aufgeregt in sein Handy. „Was hatten Sie damals im Krankenhaus gesagt? Mit dem Schein? Da war doch noch etwas anderes."

„Ja, stimmt. Jetzt, wo Sie es sagen. Er hat noch etwas von einer Flasche gesagt."

Flasche. Genau. Das war es gewesen.

„Mehr hat er nicht gesagt?"

„Ich habe jedenfalls nicht mehr verstanden."

„Na, dann auf jeden Fall danke, Herr Reichard."

„Nichts zu danken. War doch selbstverständlich."

Flasche.

Was konnte das bedeuten?

Biernat hatte bestimmt gemerkt, dass jemand um die Hütte geschlichen war. Es war einfach tragisch. Da belauerten sich zwei Leute, beide in grenzenloser Angst vor dem anderen. Keiner hatte etwas Böses im Sinn, und trotzdem passierte das Unglück.

Karlo machte sich selbst die größten Vorwürfe. Wenn er Otto nicht in der Hütte untergebracht hätte, wäre er vielleicht noch am Leben. Und der Lottoschein wäre mit ziemlicher Sicherheit nicht so spurlos verschwunden.

Flasche.

Bier-Hannes um vier.

Leergut.

Karlos Alarmglocken schrillten.

Er sprang in seine Regenkombi und warf sich auf die MZ. Seitdem er Scheerers BMW gefahren war, erschienen ihm die achtzehn PS seines DDR-Gefährts als ziemlich untermotorisiert.

Scheerer, der alte Fleisch-Schieber, dachte Karlo. Der war nun auch schon wieder lange Zeit auf freiem Fuß und genoss seine Erbschaft. Er hatte zur Feier seiner Freilassung eine große Party gegeben. Das Bier war in Strömen geflossen, auch Karlo hatte aufs Heftigste mitgefeiert.

Als es schließlich ans Essen ging, hatten sich alle schwer gewundert. Karlos Appetit schien sich schwerpunktmäßig mehr auf die zahlreichen Salate zu richten, die von den Mitgliedern mitgebracht worden waren.

Das kiloweise von Scheerer zur Verfügung gestellte Fleisch hatte er hingegen nicht angerührt. Auf die drängenden Nachfragen hatte er etwas von schlechten Blutwerten gefaselt, und dass er etwas aufpassen müsse. Gesundheit eben.

Niemand hatte ihm geglaubt.

Er ließ das Gespann vor dem Garten stehen und betrat gegen halb drei die Hütte. Nachdem er sich aus der Regenkombi geschält hatte, eilte er ins Getränkelager. Dort nahm er sich das Leergut vor.

Kiste für Kiste.

Flasche für Flasche.

Nichts.

Nach fast einer Stunde gab er auf.

Er ging nach vorne in den Thekenraum und guckte in den Kühlschrank. Noch eine Flasche Bier. Weizenbier. Egal. Mit ihr würde er versuchen, die Enttäuschung wegzuspülen. Er machte einen Kreidestrich hinter seinem Namen an der Getränketafel. Dann öffnete er die Flasche. Es zischte scharf und das Bier stieg durch den Hals, quoll über und benetzte seine Hose. Die Flasche rutschte ihm aus der Hand und kullerte Bier verspritzend unter die Sitzbank. Karlo fluchte und kroch der Flasche auf allen vieren hinterher. Er fingerte unter die Bank und bekam die Flasche zu fassen.

Als er wieder stand, wunderte er sich. Das war doch nicht sein Bier. Die Flasche war leer. Und es war keine Weizenbierflasche.

Leer?

Karlo hielt die Flasche gegen das Licht. Nein. Die Flasche war nicht leer.

Da waren zwei Zettel drin!

Er packte die Flasche in eine herumliegende Motorradzeitung ein, dann schlug er sie auf den Boden. Es klirrte leise. Mit fliegenden Fingern packte er die Scherben aus.

Sein Herz raste.

Der Lottoschein.

Der Lottoschein.

Der Lottoschein.

Sein Lottoschein!

Er sah den kleinen Blutfleck, ganz am Rand. Der entstanden war, als er sich an diesem Drahtständer im Schreib—warengeschäft verletzt hatte. Er flog über die Zahlen. Da, im ersten Feld, Jeannettes Unglückszahlen. Und im Feld darunter Lotto-Ottos Hauptgewinn.

Sechs Richtige.

Über neunhunderttausend Tacken.

Und er, Karlo, hatte den Schein. Und die Quittung.

Er tanzte durch die Hütte wie von Sinnen.

I'm singing in the rain. Endlich keine Geldsorgen mehr.

Als Erstes würde er mit Jeannette in den Urlaub fahren.

Mit einem neuen Gespann.

Dann hörte er den Lieferwagen. Peter vom Bier-Hannes.

Karlo half nach Kräften beim Transport der Kisten.

Er wollte, musste und würde heute noch den Schein abgeben.

Unbedingt.

Im Schreibwarenladen versuchte Karlo ganz ruhig zu bleiben. Seine Finger zitterten nur leicht, als er dem Inhaber den Schein und die Quittung über die Theke reichte. Der Mann hinter dem Tresen schob den Schein ins Lesegerät. Sogleich zeigte er eine säuerliche Miene.

„Da sind Sie leider ein wenig spät dran", bedauerte er. „Der Schein ist schon über eine Woche abgelaufen. Ich kann auch gar nicht mehr sehen, ob er etwas gewonnen hätte."

Karlo blieb die Luft weg. Er verstand nicht. Nein – er wollte nicht verstehen. Was sollte das bedeuten?

„Was soll das bedeuten?", keuchte er, leichenblass im Gesicht. Der Inhaber erschrak.

„Ist Ihnen nicht gut? Soll ich einen Arzt rufen?"

„Und da ist gar nichts mehr zu machen?", ächzte Karlo.

„Was meinen Sie? Mit dem Arzt? Der muss ja zuerst nach Ihnen schauen, bevor er was machen kann."

„Nein", rief Karlo verzweifelt. „Nicht der Arzt. Der Schein. Machen die nicht manchmal eine Ausnahme?"

„Nicht nach über einer Woche danach. Spätestens am vierzehnten dieses Monats hätten Sie ihn abgeben müssen. Hätten Sie denn überhaupt gewonnen?"

Karlo winkte ab. „Vergessen Sie's."

Dann verließ er mit hängenden Schultern den Laden.

Um sechs Uhr dreißig saß Karlo mit grimmigem Gesicht in der Bluesmühle an der Theke. Eine Stunde später, nach dem vierten Jameson und dem dritten Guinness traute sich Harry Weber zu fragen.

„Was ist los, Karlo? Ärger mit Jeannette?"

Nicht, wenn ich die Klappe halte und nichts von dieser Geschichte erzähle, dachte Karlo. Laut sagte er: „Heute keine Gespräche, Harry. Sei mir nicht böse. Nicht heute."

Harry verstand. Er nickte und zapfte noch ein Guinness an. Dann machte er zwei Jameson. Einen behielt er in der Hand, den anderen stellte er vor Karlo auf die Theke.

„Prost! Was immer es auch ist."

„Danke, Harry. Prost!"

Am Samstag darauf

Schluss

Karlo schaffte es, die Geschichte für sich zu behalten. Im Laufe der Woche hatte sich seine Verzweiflung langsam gelöst, und fast war er schon wieder der alte.

Geld.

Was bedeutete schon Geld? War er nicht glücklich?

Er war gesund.

Er hatte ein Dach über dem Kopf.

Er hatte genug zu essen.

Er hatte genug zu trinken.

Er hatte eine Menge gute Freunde.

Er hatte seine geliebte Jeannette.

Und er hatte sagenhafte achtzehn PS unter dem Hintern, wenn er seine MZ ankickte.

Glück?

Das Glück ist ein warmer Mantel in einem kalten Winter.

Ha! Das Glück ist ein Arschloch. Aber nur, wenn man es nicht erkennt!

Im Fernsehen lief die Hessenschau. Karlo kuschelte sich an seine Jeannette und wollte gerade einen Kommentar zu Holger Weinerts fehlgeleiteter Krawattenentscheidung abgeben, da stieß ihn Jeannette an. „Hör doch mal, Karlo."

„*Und nun noch eine Suchmeldung. Die hessische Lottogesellschaft sucht einen glücklichen Gewinner. Der Spieler hat*

*den Schein am achten August in einer Lottostelle in Nord-
hessen gekauft. Ab heute hat er noch genau eine Woche Zeit,
den Schein einzureichen. Ist das nicht der Fall, geht der
Gewinn zurück in den Pool."*

Jeannette kicherte. „Hast du das gehört, Karlo? Was
muss das für ein Blödmann sein. Stell dir mal vor, dir würde
so etwas Dummes passieren. Du verpasst mit einem Hauptgewinn den letzten Abgabetermin. Was in drei Teufels Namen würdest du dann machen? Dreht man da nicht durch?"

Doch darüber konnte Karlo bloß lachen.

Er sagte nur: „Hast du die komische Krawatte vom Holger Weinert gesehen?" und griff nach seinem Weinglas.

– Ende –

Auf ein Wort:

Sie haben Karlos neunten Fall glücklich überstanden? Das hoffe ich doch sehr. Und zwar genau im Sinne des Wortes *glücklich*. Denn Sie machen mich glücklich, wenn sie Spaß bei der Lektüre hatten. Wenn meine Karlo-Fans den gleichen Spaß beim Lesen haben wie ich beim Schreiben, ist alles gut.

Zum Glück hatte ich auch Frau Schwab und ihr Team vom Kiosk im Dorfladen in Hofbieber, die mir erklärtem Lotto-Legastheniker geduldig die Sache mit dem Lottospielen erklärten.

Einen weiteren glücklichen Menschen, meinen Freund und Berater Herrn Kriminaldirektor Fred Bauer, kennen treue Leser ebenso schon wie Karlo, meine Hauptfigur, den der gestandene Polizist immer mal wieder einbremst, wenn Herr Kölner es zu toll treibt.

Zum Glück.

Glück ist für viele auch eine schöne Flasche Wein. Für die önologische Ausstattung des vorliegenden Bandes sorgt auch dieses Mal wieder der Weinkeller meines Freundes Marc Flößner von der Weinhandlung Vinum in Fulda.

Weniger mit Glück, sondern eher mit Können und Sachverstand war meine tolle und unersetzliche Lektorin Stefanie Reimann auch dieses Mal wieder den Unwägbarkeiten meiner manchmal überschäumenden Sprachbegeisterung auf der Spur.

Das größte Glück aber, meine Freundin Silvia, hat mir auch dieses Mal wieder die Hand gehalten und auch in schwieriger Zeit nicht losgelassen.

Ich möchte am Schluss jedoch nicht allzu schwer werden, denn das Glück ist leicht und hell und flüchtig wie ein Schmetterling. Wenn es Ihnen einmal davonfliegen sollte, erfreuen Sie sich einfach noch einen Augenblick an seinen bunten Flügeln.

Im nächsten Frühjahr kehrt es dann zurück.

Wie auch der nächste Band um Karlo Kölner und seine Freunde. Wenn wir Glück haben.

Das, liebe Leserinnen und Leser, wünsche ich Ihnen und mir von ganzem Herzen.

Der Autor

PS: Jetzt hätte ich doch fast die literarische Belehrungsformel vergessen. Natürlich ist die Handlung frei erfunden. Und natürlich sind alle beschriebenen Personen, ob tot oder noch unter den Lebenden weilend, einzig meinem Kopf entsprungen. Was in jedem Fall gut für meinen Kopf war, glauben Sie nicht auch?

Liebe Leserinnen und Leser,
Sie möchten mehr
von Karlo Kölner lesen?

Dann beachten Sie
die nächsten Seiten
oder informieren Sie sich
im Internet unter
www.vogelfrei-verlag.de

Mehr Krimis von Peter Ripper:

Karlo Kölners erster Fall:

Karlo und der letzte Schnitt

Es hätte alles so schön sein können. Karlo Kölner hat seine Gefängnisstrafe abgesessen, ein paar gute Freunde stehen ihm zur Seite und verschaffen ihm sogar ein provisorisches Dach über dem Kopf. Da wird er eines Morgens von seinem Freund Kuhl gesehen, wie er sich über eine tote Frau beugt – ausgerechnet die Schwester seiner Ex-Freundin. Ermordet mit einer Sense, die Karlo tags zuvor noch in der Hand hatte. Als Karlo dann auch noch verschwindet, glaubt kaum noch jemand an seine Unschuld ...

ISBN: 978-3-9812188-0-0 · Taschenbuch, 197 Seiten · 9,95 Euro

„Ein Krimi, der vom Frankfurt-Bezug, einer eher ungewöhnlichen Hauptfigur – Kölner wurde gerade aus dem Knast entlassen – und seinem feinsinnigen Witz lebt."
Offenbach-Post

Band 1 auch als **HÖRBUCH**

ISBN: 978-3-9812188-1-7, Ungekürzter Originaltext 300 Min.
Sprecher: Stephan Kivel · Musik: Andy Sommer · 14,95 Euro

Karlo Kölners zweiter Fall:

Karlo und der zweite Koffer

Alle Bände auch als eBook erhältlich!

Es beginnt in den Vogesen und endet in Frankfurt: Der Diebstahl einiger wertvoller Oldtimer, ein schwerer Autounfall, ein verführerischer Koffer, ein toter junger Mann am Mainufer – was hat das alles miteinander zu tun? Oder ist alles nur Zufall? Wer weiß das schon? Und Karlo Kölner steckt schon wieder mittendrin. Trotz aller guten Vorsätze!

ISBN: 978-3-9812188-2-4 · Taschenbuch, 208 Seiten · 9,95 Euro

„... flott und humorvoll geschriebene Geschichte ... spannend und nicht immer bierernst. ... von leichter Hand verfasste Kriminalgeschichte ..."
Frankfurter Neue Presse

Im Buchhandel oder portofrei direkt bei: www.vogelfrei-verlag.de

Karlo Kölners dritter Fall:

Karlo und der grüne Drache

Alle Bände auch als eBook erhältlich!

Kaum hat Karlo Kölner, Ex-Knacki und Privatdetektiv in eigener Sache, endlich eine richtige Wohnung bezogen, stolpert er auch schon über eine Leiche. Ein übler Bursche aus Karlos Vergangenheit taucht auf und der schwarze Kater Diogenes verschwindet spurlos.

ISBN: 978-3-9812188-4-8 · Taschenbuch, 204 Seiten · 9,95 Euro

„Die Balance zwischen ernsthafter Handlung und humorvoller Erzählweise ist Ripper gelungen: Flotter Stil verspricht kurzweiligen Genuss." **Offenbach-Post**

Im Buchhandel oder portofrei direkt bei: www.vogelfrei-verlag.de

Karlo Kölners vierter Fall:

Karlo und das große Geld

Alle Bände auch als eBook erhältlich!

Ein Bankraub vor sieben Jahren, ein entwendeter Leichenwagen und ein Toter neben dem Geldversteck beschäftigen Hauptkommissar Georg Gehring. Plötzlich verschwindet seine Frau. Wurde sie entführt? Karlo Kölner übernimmt einen heiklen Auftrag und gerät in eine böse Klemme.

ISBN: 978-3-9812188-4-8 · Taschenbuch, 208 Seiten · 9,95 Euro

„... die Fans können sich darüber freuen, wie präzise Autor Peter Ripper das Milieu seiner Figuren eingefangen hat ..."
Frankfurter Rundschau

Im Buchhandel oder portofrei direkt bei: www.vogelfrei-verlag.de

Karlo Kölners fünfter Fall:

Karlo geht von Bord

Alle Bände auch als eBook erhältlich!

Der Gewinn eines Krimi-Dinners für vier Personen führt Karlo Kölner, seine Lebensgefährtin Jeannette und zwei Freunde aus der Rhön auf ein Personenschiff der Frankfurter Secundus-Linie. Die nächtliche Veranstaltung auf dem Main gestaltet sich allerdings krimineller als beabsichtigt. Eine Leiche taucht auf, Karlo taucht unter, und ein Mann geht über Bord.

Doch nicht nur auf dem Main ist der Teufel los: Ein verkrachter Kaufhausdetektiv will Karlos Freundin an die Wäsche, ein teurer Wein bringt Jeannette in böse Schwierigkeiten, und Hauptkommissar Gehring verliert die Lust an seinem Beruf. Außerdem beweisen die Streifenpolizisten Dietmar Hund und Manfred Haffmann einmal mehr ihr Geschick für's Ungeschick.

ISBN: 978-3-9812188-5-5 · Taschenbuch, 208 Seiten · 10,95 Euro

„... wunderbar schräg, unvergleichlich bodenständig und keineswegs blutrünstig ..." *Offenbach Post*

Im Buchhandel oder portofrei direkt bei: www.vogelfrei-verlag.de

Karlo Kölners sechster Fall:

Geschenke für den Kommissar

Alle Bände auch als eBook erhältlich!

Ein toter Jogger liegt an einem Waldsee in Bischofsheim. Kurz darauf schießt jemand auf einen Hausbesitzer. Ex-Hauptkommissar Gehring bekommt rätselhafte Geschenkpakete, eine Gartenhütte brennt lichterloh, und eine Serie von Wohnungseinbrüchen hält den Frankfurter Osten in Atem. Karlo Kölner, in dessen Beziehung es wieder einmal gewaltig knirscht, kommt nicht nur mehreren Geheimnissen auf die Spur, sondern gerät auch noch in Lebensgefahr.

ISBN: 978-3-9812188-7-9 · Taschenbuch, 208 Seiten · 10,95 Euro

„... Ripper versteht es, durch einen seltenen Wortwitz und schelmischen Humor seine Leser zu begeistern. Dennoch verliert sich nie die Spannung, ja, man könnte fast meinen, die Figuren gäbe es wirklich ..."
Gelnhäuser Neue Zeitung

Im Buchhandel oder portofrei direkt bei: www.vogelfrei-verlag.de

Karlo Kölners siebter Fall:

Liebe, Tod und Apfelsekt

Alle Bände auch als eBook erhältlich!

Eine liebestolle ältere Dame macht Starfriseur Belmondo den Hof. Kurz darauf findet Karlo Kölner ihre Leiche. Mysteriöse Äpfel, ein silbernes Medaillon und eine Flasche Apfelsekt geben Kommissar Reichard und seinem neuen Chef Schönhals Rätsel auf.

Doch auch Georg Gehring, frischgebackener Privatdetektiv, beginnt zu ermitteln. Da geht Karlos Freundin Jeannette einem Autoschwindler auf den Leim. Nun wird auch Karlo Kölner aktiv. Bald glaubt er, auf Zusammenhänge zwischen den Ereignissen gestoßen zu sein, und es wird brandgefährlich.

ISBN: 978-3-9812188-8-6 · Taschenbuch, 208 Seiten · 10,95 Euro

„... mit offenkundiger Freude treibt Ripper den schnellen Wechsel zwischen spannender Action und kuriosen Szenen, zwischen dramatischem Verlauf und skurriler Situationskomik auf die Spitze." **Fulda Aktuell**

Im Buchhandel oder portofrei direkt bei: www.vogelfrei-verlag.de

Karlo Kölners achter Fall:

Miezen, Mord und Malerei

Alle Bände auch als eBook erhältlich!

Ein nackter Mann irrt mit einem Revolver in der Hand durch die Rhön. Von Erinnerungslücken geplagt, führen seine verzweifelten Bemühungen, der misslichen Situation zu entkommen, zu einem Fiasko.

Zur gleichen Zeit stolpert Karlo Kölner in Frankfurt über einen toten Bordellbetreiber, ein mysteriöses Ölgemälde verschwindet, und ein ehemaliger Spieler der Eintracht wird vermisst.

Als Karlo ahnt, um was es geht, macht er der Polizei einen kuriosen Vorschlag ...

ISBN: 978-3-9817124-2-1 · Taschenbuch, 208 Seiten · 10,95 Euro

„... kurzweilige Spannung, schnelle Action, herrlich schräger Humor und irre Komik: Wenn der kauzige Ex-Knacki Karlo Kölner ermittelt, bleibt kein Auge trocken."

Fulda Aktuell

Im Buchhandel oder portofrei direkt bei: www.vogelfrei-verlag.de

Wolfgang Rill
Das Mieder

Auch als eBook erhältlich!

Die attraktive Rosy hat mehr Fortune bei den Herren der Schöpfung als ihre eher schlicht aussehende Freundin Steffi.

Genervt von ihren erotischen Niederlagen tätigt Steffi einen Frustkauf: Sie ersteht in einem kleinen Berliner Wäscheladen ein wunderhübsches weißes Mieder – und seitdem ist alles anders. Die Männer umschwirren sie wie die Motten das Licht. Und erst dieser fantastische Sex! Steffis Glück scheint vollkommen. Doch rasch verliert sie die Kontrolle über ihre Gefühle.

Da blüht für Steffi unverhofft eine verrückte Liebe auf – doch auch Missgunst, Neid und Habgier gedeihen prächtig. Denn bald haben es viele in Steffis Nähe bemerkt: Dieses Mieder birgt ein Mysterium, ein Geheimnis. Nun beginnt eine hässliche Jagd. Jeder möchte dieses Kleidungsstück in seinen Besitz bringen, das scheinbar nicht nur höchstes Liebesglück, sondern möglicherweise auch gutes Geld verspricht.

Plötzlich begegnet Steffi einem Fremden, der die dunkle Seite ihres Verlangens weckt. Als sie sich ihren Fehler eingesteht, ist es eigentlich schon zu spät ...

ISBN: 978-3-981-2188-9-3 · 208 Seiten · Taschenbuch · 10,95 Euro

„Wolfgang Rill hat mit „*Das Mieder*" eine ausgefallene, ja kuriose und im besten Sinne schräge Geschichte geschrieben. Die helle Freude am Beobachten des Ungewöhnlichen, der spitzbübische Humor und die unübersehbare Freude am Abgründigen haben ihm beim Verfassen dieser Geschichte überaus locker die Hand geführt. Unbedingt lesen ..."

verlag vogelfrei

Im Buchhandel oder portofrei direkt bei: www.vogelfrei-verlag.de